에고 에이미의 은혜

에고 에이미의 은혜

내 존재와 삶을 채우시는 하나님

박순용 지음

아가페

추천의 글

　이 책은 단순히 어떤 교훈이나 삶의 지혜를 말하는 것이 아니라 예수님을 소개하고 있습니다. 그래서 사람들의 관심을 덜 받을 수도 있습니다. 많은 사람이 예수님이 우리를 구원하셨다는 기본적인 사실 이상으로 예수님을 더 깊이 알고 싶어하지 않기 때문입니다.

　저 역시 현장에서 이 설교를 처음 들었을 때 비슷한 생각을 했습니다. '예수님만 소개하는 설교라면 너무 추상적이거나 신학적인 내용이 아닐까?' 그렇게 생각한 이유는 삶의 구체적인 문제를 다루어야만 설교가 현실적이며 도움이 된다는 선입견 때문이었습니다. 그런데 설교를 들으면 들을수록 단순히 '예수님이 우리를 구원하셨다'고 말하는 것만으로는 다 담아낼 수 없는 예수님에 대한 놀라운 진리를 인정하게 되었습니다. 만약 다음 항목 중 하나라도 해당된다면, 이 책을 꼭 읽어보길 권합니다.

　　1. 예수님을 삶의 모범으로만 생각하고 그분이 하나님이심을 부인하고 있지는 않은가?

2. 영적 침체와 낙심 속에 자주 빠지는가?

3. 세상이 주는 만족이 진짜 위로가 되지 않음을 알면서도 여전히 그것을 좇고 있지 않은가?

4. 삶의 방향을 잃고 혼란 속에서 방황하고 있지 않은가?

5. 깊은 고독과 외로움에 시달리고 있지는 않은가?

6. 과거와 현재의 상처와 고통에서 회복이 필요하지 않은가?

7. 다가올 미래나 죽음을 두려워하고 있는가?

8. 형식적인 신앙, 율법적인 신앙에 만족하고 있는 것은 아닌가?

9. 신앙의 참된 열매를 맺기 위해 애쓰고 있는가?

이 질문에 대한 답은 단순히 신앙 훈련이나 열심에 있지 않습니다. '정말 예수님이 답이 되실까?'라는 질문 앞에서 저는 확실히 말할 수 있습니다. "그렇습니다. 예수님이 답입니다." 이 책은 그 사실을 특별한 방식으로 보여줍니다. 예수님은 우리의 질문에 단순히 '그 문제는 이렇다'고 말씀하시지 않습니다. 오히려 이렇게 말씀하십니다. '나는 ~이다.'

겉으로 보면 우리의 질문과 상관없는 대답 같아 보입니다. 그러나 그렇지 않습니다. 예수님이 '나는 ~이다'라고 말씀하시는 것은 단순한 자기소개가 아니라, 예수님 자신을 우리의 답으로 내어주시는 것입니다. 이것은 구약에서 여호와 하나님께서 모세에게 "나는 스스로 있는 자"(I am who I am)라고 말씀하시며, 그 이름 안에 하나님의 언약적 신실함과 백성을 향한 은혜를 담아 계시하신 사건과 맞닿아 있습니다.

예수님은 우리의 모든 결핍과 문제, 심지어 영원한 필요를 채우기 위해 스스로 '우리를 위한 무엇'이 되어 주셨습니다. 특별히 겟세마네 동산에서 "내가 그니라"고 말씀하시고 스스로 잡히셨으며, 십자가에 달려 죽으심으로 심지어 죽음까지도 우리를 위한 것임을 확증하셨습니다.

이 책이 말하는 예수님의 자기소개를 따라가다 보면, 왜 예수 그리스도가 우리의 모든 질문에 대한 유일한 답인지 알게 됩니다. 사도 바울은 이렇게 고백했습니다. "또한 모든 것을 해로 여김은 내 주 그리스도 예수를 아는 지식이 가장 고상하기 때문이라 내가 그를 위하여 모든 것을 잃어버리고 배설물로 여김은 그리스도를 얻고"(빌 3:8).

  이 책을 통해 우리는 바울의 고백처럼, 예수님을 아는 지식이 세상의 어떤 지식이나 경험보다 귀하다는 것을 고백하게 될 것입니다. 예수님은 결코 추상적인 분이 아닙니다. '나는 ~이다'라고 자신을 내어주시는 예수님의 은혜는 우리의 모든 필요를 채우는 실제적인 경험이 될 것입니다. 예수님을 더 깊이 알고 싶어하는 분들에게, 그리고 예수님을 누군가에게 진심으로 소개하고 싶은 분들에게 이 책을 기쁘게 추천합니다. 이 책을 통해 '예수님은 내 삶의 모든 질문에 대한 답'이라는 사실을 고백하게 되기를 바랍니다.

_ 윤요섭(A국 교회 목사)

● 예배당 오른쪽에 앉아 목사님의 설교를 듣던 기억이 생생합니다. 십여 년 전 주님께서 우리를 위한 '무엇'이 되어

함께하신다는 '에고 에이미'의 설교를 듣고 마음이 뜨거웠었는데, 이 책을 다시 읽으며 그 뜨거움을 다시금 경험했습니다.

박순용 목사님의 『에고 에이미의 은혜』는 단순히 성경 단어의 의미를 설명하는 데 그치지 않습니다. 영광의 하나님이 우리를 위해 무엇이 되시는지를 요한복음의 '에고 에이미' 선언을 통해 생생하게 증언합니다. 주님은 우리의 '생명의 떡'이 되시고, 어둠 속을 헤맬 때 '세상의 빛'이 되어 주십니다. 길 잃은 우리에게는 '선한 목자'와 '유일한 문'이, 죽음의 절망 앞에서는 '부활과 생명'이 되어 주심을 선포합니다. 나아가 '길, 진리, 생명'이시며 '참포도나무'로서 우리와 연합하시는 주님을 말씀을 통해 만나게 됩니다. 그리고 마침내 저자는 우리를 겟세마네 동산으로 이끌어, 우리를 위해 기꺼이 죽음이 되신 십자가의 신비 앞에 세움으로써, 그 놀라운 은혜를 깨닫고 주님을 더욱 의지하게 만듭니다.

혹 신앙이 메마른 지식에 머물러 있거나, 삶의 문제 앞에서 예수님의 이름이 공허하게 느껴진다면, 주저 없이 이 책을 펼치길 권합니다. 이 책을 통해 에고 에이미라 선언하신 주님이 바로 '나를 위한 모든 것'이 되어 주시는 그 놀라운 은혜를 온몸으로 경험하시기를 소망합니다.

_ 정진용(GMS 페루, 아레키파 선교사)

● 저자가 이 설교 시리즈를 진행하고 있을 때, 저는 하늘영광교회에서 부교역자로 사역하면서 설교를 듣는 특권을 누렸습니다. 당시 저는 신약성경에 나타나는 예수님의 '에고 에이미'(ἐγώ εἰμι) 선언이 구약의 하나님 자기 계시와 어떻게 연결되는지에 대한 저자의 깊이 있는 통찰에 큰 감동을 받았습니다.

저자가 주로 신약에서 탐구하던 에고 에이미는 구약의 '에흐예 아쉐르 에흐예'(אהיה אשר אהיה)와 신학적으로 긴밀하게 연결되어 있다는 그의 주장에 저는 전적으로 동의합니다. 구약학계에서는 출애굽기 3장 14절의 이 구절에 대한 해석이 매우 다양하게 전개되어 왔습니다. 일부 학자들은 이를 하나님의 자존성(aseity)을 나타내는 존재론적 선언으로 이해하며, 특히 헤르만 바빙크 같은 신학자들은 이것이 하나님의 절대적이고 독립적인 존재를 드러낸다고 주장합니다. 반면, 게르하르트 폰 라트와 발터 침멀리 같은 독일 구약학자들은 이를 정적인 존재 선언이 아닌 역사 속에서 활동하시는 하나님의 역동적 임재의 약속으로 해석하며, '나는 너희와 함께 있을 것이다'라는 의미로 이해합니다. 또 월터 브루그만 같은 학자들은 이 구절이 인간의 범주로 규정되기를 거부하는 하나님의 초월성과 자유를 나타내는 의도적으로 모호한 표현이라고 봅니다. 이러한 다양한 해석은 모두 '에흐예'와 신적 이름 '야웨'(יהוה) 사이의 밀접한 연관성을 인정하며, 하나님께서 모세에게 자신의 언약적 이름의 의미를 설명하신 것으로 이해합니다.

그러나 이러한 학문적 접근의 한계는 성경을 통전적으로 바라보지 않고, 계시 신학에 대한 의도적인 불신앙적 무시로 나아갈 수 있다는 약점에 있습니다. 많은 현대 구약학자가 역사비평적 방법론에 매몰되어 구약과 신약을 분리하고 그리스도 중심적 해석을 거부합니다. 그러한 점에서 본서는 매우 귀중한 가치를 지닙니다. 저자는 목회자의 심령으로 성경 전체의 유기적 통일성을 붙잡고, 구약의 '에흐예 아쉐르 에흐예'가 어떻게 신약의 '에고 에이미'로 성취되고 완성되는지를 보여줍니다.

특히 요한복음에 나타나는 예수님의 일곱 가지 '에고 에이미' 선언이 단순한 자기소개가 아니라, 구약에 나타난 하나님의 자기계시의 성취임을 밝히는 저자의 통찰은 탁월합니다. 이는 현대 그리스도인들에게 성경 전체의 계시에 대한 깊은 이해를 제공하며, 예수 그리스도가 곧 구약에서 자신을 계시하신 바로 그 하나님이심을 분명히 보여줍니다.

개혁주의 신학의 관점에서 이 책은 성경의 신적 권위와 그리스도 중심적 해석의 중요성을 다시 한번 일깨워 줍니다. 저자의 목회적 수고와 심도 있는 연구가 한국 교회 성도들에게 큰 도전과 은혜가 되기를 소망하며, 이 귀한 책을 기쁜 마음으로 추천합니다.

_ 최지승(백석대학교 신학대학원 구약학 교수)

🌑 이 땅에서 누리는 성도의 가장 큰 복은 '그리스도'가 어떤 분인지를 알고 그를 바라보는 것입니다. 그런데 이런 말은 조금 추상적으로 들릴 수 있습니다. 하나님께서 성도에게 주시는 복을 조금 더 구체적으로 말하면, 그리스도가 '우리에 대하여' 어떤 분인지 알게 하시며 그를 바라보게 하시는 것입니다. 특히 하나님께서는 그리스도가 우리에 대하여 어떤 분인지를 '기록된 하나님의 말씀을 통해' 알게 하시며 그를 바라보게 하십니다. 그리고 우리 하나님은 우리에게 이런 복을 주기 위해, 그리스도가 우리에게 어떤 분인지에 대한 하나님의 말씀을 진지하고 생생하게 증언하는 '입'을 사용하십니다. 우리에게 복 주시기 위해, 하나님의 말씀을 사랑하는 사람의 입을 통해 "와서 보라"는 권함을 받게 하시는 것입니다.

이 책은 그와 같은 권함입니다. 하나님께서 자기 백성에게 복 주기 위해 사용하시는 권함입니다. 기록된 하나님의 말씀을 통해 성도의 진정한 복이신 예수 그리스도를 알고 바라보자고, 그가 우리에 대하여 어떤 분인지를 알고 바라보자고 진지하고 간절하게 권하는 입입니다. 하나님께서 사랑하는 자기 백성에게 복을 주기 위해 사용하시는 소리입니다.

저는 오랫동안 박순용 목사님이 섬기는 교회에 속한 성도로서, 그와 같이 권하는 소리를 통해 하나님께서 주시는 복을 누려 왔습니다. '그리스도'가 어떤 분인지 알고 그분을 바라보자, 그리스도가 '우리에 대하여' 어떤 분인지 알고 바라보자, 그리스도가 우리에 대하여 어떤 분인지 '성경을 통해' 생생하게 알고 그를 의지하자는 간절한 권함을 통해, 예수 그리스도를 소유한 성도의 복을 배우며 풍성히 누려 왔습니다.

우리 하나님께서 지면에 옮긴 이 소리 또한 이 나라의 성도를 위해 귀히 사용해 주시길 소망하며 이 책을 진심으로 추천합니다.

_ 황재찬(광안생명의교회 목사)

서문

● 제 마음에는 요한복음 8장에서 예수님이 유대 지도자들과 논쟁하는 가운데, 자기 자신을 가리켜 하신 말씀이 오랜 세월 동안 감동으로 남아 있습니다. 예수님은 "내가 그인(ἐγώ εἰμι) 줄 믿지 아니하면 너희 죄 가운데서 죽으리라"(요 8:24), 또 "아브라함이 나기 전부터 내가 있느니라(ἐγώ εἰμι)"(요 8:58)고 말씀하셨습니다. 구약에서 자신을 "스스로 있는 자"(אהיה אשר אהיה)(출 3:14, 개역개정 각주에는 '나는 나다')로 계시하신 분이 친히 육신이 되어 오셔서, 자신을 '에고 에이미'(ἐγώ εἰμί) 곧 '나는 있느니라' '나는 ~이다'라는 말로 계시하신 것입니다.

예수님은 '에고 에이미'라는 말과 함께 자신을 '생명의 떡' '세상의 빛' '양의 문' '선한 목자' '부활이요 생명' '길이요 진리요 생명' '참포도나무' 등으로 말씀하셨습니다. 이는 하나님으로서 육신이 되신 분께서 자신의 존재와 사역을 '우리를 위한 무엇'이라고 선언하신 복된 말씀입니다. 그 말씀을 상고할 때, 제 마음은 그 말씀이 가리키는 은혜로 벅차올랐습니다. 그리고 그로 인한 감격은 지금까지도 여전합니다. 그 말씀은 육신을 취하신 예수님이 구약시대부터

"스스로 있는 자"로 자신을 계시해 오셨으며, 지금도 그런 분으로서 우리를 위해 우리 가운데 계시다는 사실을 늘 크게 느끼게 해줍니다.

하나님은 이런 사실에 대한 감동과 가슴 벅참을 설교로 전할 기회를 주셨습니다. 그리하여 일찍부터 신실하게 자신을 계시해 오신 놀라운 하나님 우리 구주 예수 그리스도를, 우리의 신앙과 삶에서 항상 확인하고 의지하며 사는 것만큼 복된 것은 없다는 성도의 기대와 소망을 사랑하는 지체들과 함께 나눌 수 있었습니다. 그런데 막상 그때 전한 내용을 글로 줄여서 읽으니, 아쉽게도 글 속에서는 그때의 감동을 온전히 느낄 수 없었습니다. 글이라는 수단은 종종 성령께서 우리에게 주시는 전인격적인 감동을 풍성하고 생생하게 담아내거나 전달하는 데 충분하지 않을 때가 많습니다.

그러나 하나님은 자신의 풍성한 진리를 담아 전달하는 더 명료하고 오래 지속되는 수단으로써 글 또한 사용해 오셨습니다. 이에 자신을 '에고 에이미'로 계시하시고, 자신의 존재와 사역을 우리를 위한 것으로 우리와 결부시키며, 우리 같은 자들을 위해 일하시고 또 일하시는 하나님에 관한 복되고 경이로운 말씀을 이 책에 다시 정리하여 담고자 했습니다.

각 장에는 처음 설교할 때 참고하거나 인용했던 자료가 반영되어 있지만, 너무 오래전이라 그 출처를 정확히 기억하여 다 밝히지 못했습니다. 더불어 그때는 출판되지 않았던 예수 그리스도의 자기 계시에 대한 책이 이제 몇 권 더 나와 있기도 하니, 다른 책도 함께 읽으면 더 큰 유익이 있을 것입니다.

자신을 가리켜 '나는 ~이다' '나는 너희를 위한 ~이다'라고 말씀하신 대로, 지금도 우리를 위해 존재하시며 또 행하시는 주님이 바로 우리 주님이심을 많은 성도들이 더 깊이 보게 되기를 소망합니다. 그분의 은혜를 항상 기억하고 그 은혜로 기뻐하며, 그 은혜의 주님을 즐거워하는 성도의 복된 길로 인도해 주시기를 기도합니다.

Contents

추천의 글   005

서문   015

Chapter 1 '에고 에이미'를 아십니까?   023

Chapter 2 우리를 위한 모든 것 되시는 하나님   041

Chapter 3 생명의 떡이신 주님   057

Chapter 4 빛이신 주님   072

Chapter 5 양의 문이신 주님   093

Chapter 6 선한 목자이신 주님   114

Chapter 7 부활과 생명이신 주님   132

Chapter 8 길이신 주님(1)   149

Chapter 9 길이신 주님(2)   164

Chapter 10 진리이신 주님   179

Chapter 11 생명이신 주님   199

Chapter 12 포도나무이신 주님   212

Chapter 13 우리를 위한 죽음이 되신 주님   228

예수님은 자신을 '에고 에이미'라고 선언하시며
그 뒤를 비워두셨습니다. 이는 단순히 빈 공간으로 남겨두신 게 아니라,
우리의 필요와 상황에 따라 그 자리를 채우심으로써
그분의 존재를 나타내시는 것입니다.

'에고 에이미'를 아십니까?

"예수께서 이르시되 진실로 진실로 너희에게 이르노니 아브라함이 나기 전부터 내가 있느니라 하시니" _ 요 8:58

"모세가 하나님께 아뢰되 내가 이스라엘 자손에게 가서 이르기를 너희의 조상의 하나님이 나를 너희에게 보내셨다 하면 그들이 내게 묻기를 그의 이름이 무엇이냐 하리니 내가 무엇이라고 그들에게 말하리이까 하나님이 모세에게 이르시되 나는 스스로 있는 자이니라 또 이르시되 너는 이스라엘 자손에게 이같이 이르기를 스스로 있는 자가 나를 너희에게 보내셨다 하라 하나님이 또 모세에게 이르시되 너는 이스라엘 자손에게 이같이 이르기를 너희 조상의 하나님 여호와 곧 아브라함의 하나님, 이삭의 하나님, 야곱의 하나님께서 나를 너희에게 보내셨다 하라 이는 나의 영원한 이름이요 대대로 기억할 나의 칭호니라" _ 출 3:13-15

● **예수님의 신성에 대한 자기 선언**

'에고 에이미'는 신약성경에 등장하는 헬라어 어구입니다. '에고'(ἐγώ)는 '나'를 뜻하며, '에이미'(εἰμί)는 영어 be동사에 해당하는 현재형으로 '있다' 또는 '이다'라는 의미입니다. 따라서 '에고 에이미'는 우리말로 '나는 있다' 또는 '나는 ~이다'라는 뜻입니다. 그런데 예수님은 자신에 대해 말씀하실 때 여러 차례 '에고 에이미'라는 표현을 사용하셨습니다. 먼저 이 장에서는 예수님이 이 표현을 사용하실 때, 그리고 그 전부터 성경에서 이 표현을 어떤 맥락으로 그리고 어떤 의미로 사용했는지 살펴보고자 합니다.

종종 기독교 신앙을 반대하며 조롱하는 사람들이 '예수는 자신의 신성을 직접적으로 말한 적이 없다'고 주장하는 경우가 있습니다. 이들은 성경을 잘 아는 것처럼 말하지만, 실제로는 성경에 담긴 의미를 제대로 이해하지 못하기에 그렇게 주장하는 것입니다. 성경은 예수님이 하나님의 아들, 곧 영원한 신성을 가진 하나님임을 보여 주는 그분의 말씀과 행위, 그리고 다른 사람들의 증언을 다각적으로 보여 줍니다.

예를 들면, 예수님이 갈릴리 바다에서 말씀 한 마디로 바람과 파도를 잠잠케 하신 사건은 그분의 신성을 분명히 증거합니다. 이를 본 제자들은 놀라며 말했습니다. "그가 누구이기에 바람과 물을 명하매 순종하는가"(눅 8:25). 이 같은 일을 행할 수 있는 분은 오직 창조주 하나님뿐입니다.

도마가 부활하신 예수님을 보고 "나의 주님이시요 나의 하나님이시니이다"(요 20:28)라고 고백했을 때, 예수님은 이 고백을 받아들이셨습니다. 예수님을 '주'와 '하나님'이라고 말한 도마의 고백은 구약식 표현으로 '아도나이 엘로힘' 즉 '여호와 하나님'이라는 고백과 같습니다.

요한복음 8장에서 예수님은 "아브라함이 나기 전부터 내가 있느니라"(8:58)고 말씀하셨습니다. 여기 '내가 있느니라'는 표현이 바로 '에고 에이미'입니다. 이 표현은 문법적으로 다소 이상해 보입니다. 예수님이 이 말씀을 하셨을 때, 아브라함은 이미 약 2천 년 전에 세상을 떠난 사람이었기 때문입니다. 그런데 예수님은 '아브라함이 나기 전에 내가 있었다'고 말씀하지 않으시고, "아브라함이 나기 전에 내가 있느니라"고 말씀하셨습니다. 현재 시제를 사용하는 우리의 문법적 관점에서는 '아브라함이 태어나기 전에 내가 있었다'고 표현하는 것이 더 적합해 보입니다. 그러나 예수님은 그렇게 말씀하지 않으시고, 의도적으로 "아브라함이 나기 전에 내가 있느니라"고 말씀하셨습니다.

이것은 무엇을 의미할까요? 단순히 예수님이 아브라함보다 먼저 계신, 곧 선재(先在)하시는 분임을 나타내는 것일까요? 많은 사람이 이 본문을 해석하며 하나님의 선재성(先在性), 즉 영원하신 주님이라는 주제로 설교하거나 글을 씁니다. 물론 그러한 의미도 담겨 있습니다. 그러나 그것만으로 이 말씀을 온전히 이해했다고 보기는 어렵습니다. 여기서 '내가 있느니라'는 예수님의 말씀은 단지 과거에도 계셨고 현재에도 계시며 영원히 현재로 존재하신다는 사실을 나타내는 데 그치지 않습니다. 주님은 일찍이 하나님이 모세에게 자신의 이름을 계시하신 말씀, 즉 하나님의 이름을 자신에게 적용하고 계신 것입니다.

● 우리의 이해 너머에 있는 하나님의 존재와 이름

출애굽기 3장에서 모세가 하나님께 "누가 저를 보냈다고 말할까요?"라고 물었을 때, 하나님은 이렇게 대답하셨습니다. "나는 스스로 있는 자이니라"(출 3:14). 그리고 이어서 말씀하셨습니다. "너는 이스라엘 자손에게 이같이 이르기를 너희 조상의 하나님 여호와(히브리어: יהוה, 야웨) 곧 아브라함의 하나님, 이삭의 하나님, 야곱의 하나님께서 나를 너희에게 보내셨다 하라 이는 나의 영원한 이름이요 대대로 기억할 나의 칭호니라"(출 3:15).

우리말 번역에 따르면, 하나님께서 자신을 "나는 스스로 있는 자"라고 소개하신 뒤에 그 이름을 '여호와'라고 부르셨습니다. 여기서 '여호와'를 히브리어 본래 발음에 더 가깝게 하려면 '야웨'가 더 올바른 표현입니다. 이때부터 '여호와' 혹은 '야웨'라는 이름은 하나님의 신성한 이름으로 여겨지기 시작했습니다. 그런데 하나님께서 "나는 스스로 있는 자"와 '야웨'라는 이름으로 자신을 소개하신 이 말씀은 많은 의문을 불러일으켰습니다. 이 호칭 때문에 사람들이 혼란스러워하며 견해가 다양하게 나뉘기도 했습니다.

만약 하나님이 단순히 '야웨'라 부르라고만 하셨다면 이해가 쉬웠을지도 모릅니다. 그러나 히브리어는 일반적으로 단어에 깊은 의미를 담고 있습니다. 더군다나 하나님께서 친히 "나는 스스로 있는 자"라고 말씀하시며 그 이름을 '야웨'라고 하셨기 때문에, 이 둘은 서로 밀접하게 연결되어 있습니다. 따라서 이를 단순히 음성적인 이름으로만 이해할 수는 없습니다.

그러면 하나님은 "나는 스스로 있는 자" '야웨'라는 말로 무엇을 말씀하려고 하셨을까요? 이에 대해 여러 가지 견해가 있습니다. 어떤 사람은, 하나님이 자신을 스스로 있는 자라고 소개하신 말씀 속에 '있다'라는 히브리 동사가 포함된 것을 근거로, '야웨'라는 말이 '있다'라는 동사에서 파생되었다고 봅니다. 그래서 '야웨'는 하나님 존재의 실재성을 나타내며, 하나님의 존재가 매우 확실하다는 것을 뜻한다고 주장합니다. 일반적으로 이 표현은 영어로 'I am who I am'으로 번역됩니다.

또 다른 견해는 히브리어 동사의 다양한 시제에 주목합니다. 이 견해에 따르면 "나는 스스로 있는 자"라는 말 속의 be동사를 단순히 'I am'으로 보지 않고, 'I cause to be' 즉 '나는 존재케 하는 자'라는 의미로 해석합니다. 이렇게 해석할 경우, 하나님은 이 세상 우주 만물을 존재케 하시는 창조주임을 드러냅니다. 이는 결국 하나님의 창조 행위를 강조하는 해석입니다.

또 어떤 사람은 여기 be동사를 'I will be'로 번역하여, 하나님이 '모든 상황에 충족하시는 분'으로 계신다고 설명합니다. 쉽게 말해, '나는 너를 위해 네가 필요로 하는 하나님이 될 것'이라는 의미입니다.

   이 외에 다른 견해로는, 하나님이 "나는 스스로 있는 자"라고 말씀하신 것은 의도적으로 자신을 인간의 이해를 넘어서는 존재로 드러내신 것이라는 주장이 있습니다. "나는 스스로 있는 자"라는 표현이 모호하고 정확히 정의되지 않는 이유는, 하나님이 의도적으로 자신을 제한하거나 특정 이름에 갇히지 않기 위함이라는 것입니다. 특정 이름이 주어진다는 것은 하나님을 통제할 수 있다는 의미로 해석되거나, 그분의 존재를 제한하는 의미로 오해될 수 있기 때문입니다.

   이처럼 하나님의 이름에 대한 다양한 어원적 해석이 있지만, 결국 이 말씀을 온전히 이해하려면 문맥 속에서 해석해야 합니다. 이것이 가장 안전합니다.

   먼저 이 말씀의 배경을 보면, 하나님께서 모세에게 "내가 반드시 너와 함께 있으리라"(출 3:12)고 약속하신 상황에서 "나는 스스로 있는 자"라는 이름을 주셨습니다. 따라서 이 이름은 하나님의 임재와 그 임재의 확신을 주는 맥락 속에서 이해해야 합니다. 즉, '내가 여기에 있는 것처럼, 내가 거기에도 있을 것이다' 또는 '나는 너를 위하여 여기에 있다'는 의미를 전달하신 것입니다.

   하나님이 모세를 통해 이스라엘을 애굽에서 구원하겠다고 약속하셨다는 점을 생각할 때, '야웨'라는 이름은 구원의 이름으로 주어진 것이라고도 볼 수 있습니다. 다시 말해, '야웨'는 지금 여기서 행동하시며, 특히 구원의 행위를 하는 분임을 드러내신 것입니다.

　이런 설명이 다소 복잡하게 들릴 수 있지만, 앞으로 이어질 내용을 이해하기 위해서는 필요합니다. 우리가 그동안 익숙하게 들어온 '여호와'라는 이름이 이렇게 많은 해석을 담고 있다는 사실을 보면서, 이 이름이 결코 단순하지 않고 규명하기조차 어려운 이름임을 알게 됩니다. 이처럼 하나님의 이름은 한두 가지로 단정하기 어려운, 아주 큰 이름이자 복합적인 의미를 담고 있습니다. 실제로 하나님이 그렇게 말씀하셨고, 유대인 사이에서도 이 이름은 지극히 신성하게 여겨졌습니다. 그래서 서기관들이 성경을 필사하다 '여호와'라는 이름이 나오면 먹물을 새로 갈아 그 이름을 쓰기도 했습니다. 극단적으로는 '여호와'라는 이름이 나올 때 옷을 새로 갈아입고 쓰기도 했습니다. 그만큼 이 이름은 신성하게 여겨졌고, 사람들은 이 이름을 직접 부르지 못하고 아도나이[주(主), Lord]로 대신 불렀습니다. 따라서 후에 쓴 구약성경에서 '주'(主)로 표현한 것은 사실 여호와를 그렇게 부른 대로 따라 쓴 것입니다.

◉ 예수 안에서 드러난 하나님 이름의 비밀

　　　　　　한편 "나는 스스로 있는 자"라는 표현이 영어로는 'I am who I am'으로 번역되는데, 여기서 'I am'이 두 번 반복된 것은 중요한 사실을 강조하기 위한 일반적인 용법입니다. 이와 같은 어법은 성경에 자주 나타납니다. 예를 들면, "나는 은혜 베풀 자에게 은혜를 베풀고"(출 33:19)라는 구절도 그렇습니다. 단순히 '은혜를 베푼다'고 하면 될 것을 굳이 반복해서 말하는 것은, 중요한 사실을 강조하기 위한 히브리 식 표현 중 하나입니다.

그렇다면 이 다양한 해석 속에서 "나는 스스로 있는 자"는 무엇을 뜻할까요? 이는 앞서 언급한 모든 내용을 포함하며, 그 이상의 의미를 내포하는 하나님의 특별한 이름이라고 할 수 있습니다. 지금까지 여러 학자가 이 이름을 연구하며 다양한 해석을 제시했지만, 이 be동사는 단순히 'I am' 'I will be' 또는 'I caused to be'로만 단정할 수 없는 더 큰 의미를 담고 있습니다. 예수 그리스도께서 이 이름을 자신에게 적용하신 사실에서 그 의미가 확실히 드러나기 때문입니다. 결국 이 이름은 예수 그리스도 안에서 온전히 계시됩니다.

그러나 구약에서도 하나님은 이 이름이 앞서 언급한 다양한 해석의 내용을 모두 포함하고 있음을 보여 주셨습니다. 다시 말해, "나는 스스로 있는 자"라는 이름은 하나님 존재의 확실성을 시사하며, 하나님의 영원성을 드러냅니다. 또 스스로 있다는 자존성(自存性)을 나타내고, 모든 존재를 존재케 하시는 창조주요, 모든 존재의 원천이 되신다는 것도 의미합니다. 또 하나님은 자기 백성을 구원하시고, 그들의 삶을 채우시며, 그들과 영원히 함께 계시는 분입니다. 그들이 어디를 가든지, 광야에 진을 치든 가나안에 들어가든 그 자리에 함께 계시는 분임을 나타내셨습니다.

구약의 역사는 실제로 그러했음을 보여 줍니다. 하나님은 자기 백성과 언약을 맺으시고, 그 언약에 충실하셨습니다. 하나님은 이러한 충실성 속에서 자기 백성들과의 관계를 신실하게 지키고 유지하신다는 것을 보여 주셨습니다.

여기서 우리가 주목해야 할 내용은, 하나님이 자신을 "나는 스스로 있는 자"라고 말씀하셨을 때, 그 말씀을 통해 문맥 속에서 강조하는 것이 무엇인가 하는 점입니다. 그것은 하나님의 존재와 행동 곧 구원의 행동과, 계속해서 자기 백성들과 함께 행하시는 모든 것이 바로 자기 백성을 위한 것이라는 점입니다.

앞에서 말한 것처럼, 하나님은 자신을 '스스로 있는 자'라고 말씀하시며, 이 호칭이 담고 있는 많은 내용을 실제적으로 나타내셨습니다. 여기에는 하나님의 존재와 행동, 속성 등이 포함되어 있습니다. 그러나 그보다 더 중요한 점은, 이 모든 것이 하나님 자신만을 위한 것이 아니라 언약을 맺은 자기 백성을 위한 것임을 말씀하시고 있다는 것입니다. "나는 스스로 있는 자"라는 호칭은 하나님의 언약 가운데 있는 그의 백성과 연관되어 있으며, 그 이름을 통해 드러나는 모든 것이 다름 아닌 언약 백성을 위한 것임을 나타냅니다. 그리고 그 실체는 친히 육신을 입고 오신 예수 그리스도를 통해 더 분명하고 풍성하게 드러났습니다.

우리가 이 책을 통해 주목하려는 것이 바로 이것입니다. "나는 스스로 있는 자'' '야웨'라는 하나님의 호칭과 그 호칭을 통해 나타내시고자 한 모든 것이 예수 그리스도를 통해 증거되고 나타났다는 사실 말입니다. 예수님은 또한 이 모든 것이 바로 우리를 위한 것임을 가르쳐주십니다.

● 여호와 바로 그분으로 오신 예수님

요한복음 8장 58절에서 예수님은 "내가 있느니라"고 말씀하시며, "나는 스스로 있는 자"라는 이름을 자신에게 적용하셨습니다. 이는 하나님께서 모세에게 "나는 스스로 있는 자"라고 말씀하신 그 이름을 예수님이 그대로 자신에게 사용하신 것입니다. 다시 말해, 예수님은 '여호와'라는 이름을 자신에게 적용하신 것입니다.

물론 예수님은 하나님의 아들로서 아브라함 이전에도 계셨고, 현재에도 계시며, 영원히 계시는 분입니다. 히브리서 기자가 말한 것처럼, 예수님은 어제나 오늘이나 동일하신 영원한 현재로 존재하시는 분입니다. 그러나 "내가 있느니라"는 말씀은 단순히 그 사실만을 말하는 것이 아닙니다. 예수님은 자신이 '스스로 있는 자'로서 하나님이심을 밝히신 것입니다.

또 구약에서 '야웨'를 '아도나이' 즉 '주'라고 부르던 관습은 신약에 와서 예수님께 모두 적용됩니다. 앞서 인용했듯, 도마가 예수님께 "나의 주님이시요"라고 고백했을 때, 그것은 '아도나이' 곧 '여호와'라는 뜻입니다. 이처럼 신약에서는 예수님을 '주 예수 그리스도'라고 부르며, 여호와께 해당하는 호칭을 사용합니다. 사도 베드로도 사도행전에서 오순절 성령 강림 후 예수님을 '주'라고 말합니다. 결국 이 모든 것은 예수님이 "나는 스스로 있는 자" 곧 'I am'의 화신(化神)으로 이 땅에 오셨음을 나타냅니다.

요한복음 8장 24절에서 예수님은 말씀하셨습니다. "그러므로 내가 너희에게 말하기를 너희가 너희 죄 가운데서 죽으리라 하였노라 너희가 만일 내가 그인 줄 믿지 아니하면 너희 죄 가운데서 죽으리라"(요 8:24). 여기 "너희가 만일 내가 그인 줄 믿지 아니하면"이라는 말씀에서, '그'는 일종의 의역입니다. 헬라어 원문에는 '그'가 없고 단지 '내가 있다' 곧 '에고 에이미'만 있을 뿐입니다. 따라서 이 말씀은 "너희가 만일 '나는 스스로 있는 자'인 것을 믿지 아니하면 너희 죄 가운데서 죽으리라"는 의미로 해석됩니다.

이처럼 예수님은 'I am'의 화신, 곧 '스스로 있는 자'의 화신으로 이 땅에 오셨습니다. 그는 영원부터 영원까지 계시는 자존하시는 하나님이시며, 만물을 창조하시고 모든 생명을 보존하시는 분입니다. 또 능력과 영광, 존귀와 거룩함을 지닌 분이면서 동시에 지극한 은혜와 사랑을 지니신 분으로 이 땅에 오셨습니다. 따라서 예수님이 '에고 에이미'라고 말씀하신 것은, 하나님께서 모세에게 "나는 스스로 있는 자"라고 말씀하신 바로 그 이름을 자신에게 적용하신 것입니다. 그 말씀 속에는 여호와께 해당하는 모든 것이 예수님 자신에게도 해당한다는 뜻이 담겨 있습니다.

실제로 예수님은 그런 분이십니다. 요한복음 1장 1절은 예수님이 하나님과 태초부터 함께 계셨으며, 창조에 동참하셨다고 말합니다. 그런데 유대인들은 "아브라함이 나기 전에 내가 있느니라"고 말씀하심으로써 자신을 하나님으로 말한다고 여겼기에 돌로 치려 했습니다. 비록 예수님이 직접적으로 '나는 하나님이다'라고 말씀하시지는 않았지만, 그들은 예수님의 말씀 속에서 그렇게 말한 것으로 이해하여 그런 반응을 보인 것입니다.

● 우리를 위해 모든 것 되시는 분

예수님이 자신을 '에고 에이미'라고 말씀하셨을 때, 이는 단순히 자신이 하나님이라는 사실만을 말한 것이 아닙니다. 예수님은 'I am'이라는 호칭 속에 담긴 더 많은 의미를 드러내셨습니다. 당시 사람들은 예수님이 자신을 하나님이라고 주장했다는 것에 흥분해 돌로 치려 했지만, 예수님이 이 말을 인용해 자신에게 적용하셨을 때는, 단순히 하나님의 존재하심이나 자신이 하나님의 아들이라는 사실만을 말씀하신 것이 아닙니다. 예수님은 'I am'이라는 이름을 통해 더 깊은 의미를 전하셨습니다. 그 이름은 자신이 무엇을 위해 'I am'인지, 즉 자신이 어떤 목적으로 육신이 되어 왔는지를 나타냅니다. 이것은 마치 하나님이 출애굽기 3장에서 자신을 스스로 있는 자라고 말씀하셨을 때, 단순히 자신의 존재나 속성을 말하는 것을 넘어 '나는 나와 언약을 맺은 이스라엘 백성을 위해 있는 자요, 그들의 구원과 복을 위해 있는 자다'라는 내용을 내포한 것과도 같습니다. 예수님이 자신을 'I am'이라고 말씀하신 것도 그러한 내용을 포함합니다. 즉, '나는 너희의 구원자다. 나를 믿는 자들의 구원자다. 죄에서 구원하여 생명과 풍성한 은혜를 주는 자다'라고 소개하신 것과도 같습니다. 예수님은 친히 그의 백성에게 모든 것이 되시는 분임을 나타내신 것입니다.

   이 사실은 예수님이 이 땅에 계실 때, '에고 에이미'라는 표현을 사용하신 사례에서 확인할 수 있습니다. 예수님은 요한복음 6장에서 "나는 생명의 떡이다" 말씀하셨고, 요한복음 8장에서는 죄악과 흑암 가운데서 갈 길을 알지 못하는 자들을 위한 "빛"이라고 말씀하셨습니다. 또 요한복음 10장에서는 "나는 양의 문이다"라고 하시며, 자신을 통해 들어오면 구원을 얻는다고 말씀하셨습니다. 요한복음 11장에서는 "나는 부활이요 생명이다"라고 하시며, 자신을 믿는 자들에게 생명 주시는 분임을 나타내셨습니다. 그 후에도 "나는 길이다" "나는 진리다" "나는 참포도나무다"라고 말씀하시며, 'I am' 뒤에 계속해서 자기가 어떤 존재인지 덧붙이셨습니다. 이처럼 예수님은 '에고 에이미'라는 표현을 통해 단순히 '나는 영원히 존재한다'는 사실만 말씀하신 것이 아니라 구원받을 백성, 곧 우리를 위해 모든 것이 되심을 나타내셨습니다.

그것은 출애굽기 3장에서 하나님이 "나는 스스로 있는 자"라고 말씀하셨을 때부터 의도하신 것입니다. 단순히 자신의 호칭을 말해준 것이 아닙니다. 하나님은 그 이름 속에 자신과 언약 맺은 백성을 위해 자신의 모든 것 심지어 자신의 생명까지도 내어주는 분임을 나타내셨습니다. 그리고 이러한 의도는 예수님의 십자가 죽음을 통해 더욱 분명히 밝혀졌습니다.

이처럼 'I am'이라는 이름은 단순히 하나님의 존재만을 나타내는 것이 아닙니다. 하나님이 자신과 언약 맺은 백성을 위해 무엇이든 되신다는 사실을 나타내는 것입니다. '나는 너희를 위한 생명의 떡이다' '나는 너희를 위한 빛이다' '나는 너희를 위한 선한 목자다'처럼 말입니다. 하나님이 'I am'이라는 이름에 자신을 비워두신 것은, 예수 그리스도를 통해 그 이름의 의미를 채우고 완성하기 위함이었습니다. 우리는 예수님이 'I am' 뒤에 덧붙이신 내용을 살펴보기에 앞서, 영원하신 하나님이 자기 백성을 위해 '나는 스스로 있는 자다' '나는 무엇이다'라고 말씀하시며, 우리의 존재와 삶을 채우시는 분임을 알아야 합니다.

● '에고 에이미'라 말씀하신 그분을 바라보라

많은 신자가 삶 속에서 낙심하고 절망하는 것은

이 사실을 충분히 깨닫지 못하기 때문입니다. 하나님은 단순히 '나는 있다'고 말씀하시는 분이 아니라, '나는 너희를 위하여 있다' '나는 너희를 위한 무엇이다'라고 선언하시며, 우리와의 언약 관계 속에서 우리의 모든 것이 되시는 분입니다. 그래서 우리는 아무리 절망스러운 상황에서도 이러한 하나님이 계심을 알고, 그분을 바라봄으로써 견딜 힘과 은혜를 얻을 수 있습니다.

하나님은 구약시대뿐 아니라 지금도 여전히 그의 백성을 위해 전능자 되시고 인도자 되시며 모든 필요를 채우십니다. 하나님은 강렬한 햇빛이 있는 광야에서 그늘이 되어 주시고, 시련의 순간마다 피난처가 되어 주시며, 절체절명의 위기에서 구원자가 되어 주십니다. 구약성경은 바로 이 사실을 수없이 증거합니다. 하나님은 자기 백성을 위해 다양한 모습으로 나타나셨습니다.

'나는 있느니라'고 말씀하신 주님은 오늘도 여전히 우리를 위해 역사하십니다. 예수님은 자신을 '에고 에이미'라고 선언하시며 그 뒤를 비워두셨습니다. 이는 단순히 빈 공간으로 남겨두신 게 아니라, 우리의 필요와 상황에 따라 그 자리를 채우심으로써 그분의 존재를 나타내시는 것입니다. 이는 인간이 꾸며낸 이야기가 아니라 육신을 입고 이 땅에 오신 예수님이 직접 말씀하신 것입니다.

예수님은 "나는 생명의 떡이니"(요 6:35)라고 선언하셨습니다. 이 세상에서는 진정한 생명을 얻을 수 없지만, 예수님은 우리에게 진정한 생명을 주는 생명의 떡이라고 말씀하셨습니다. 또 갈 길을 알지 못하는 자에게는 "내가 곧 길이요"(요 14:6)라고 말씀하시고, 옳고 그름을 판단하지 못한 자에게는 "내가 진리요"(요 14:6)라고 말씀하셨습니다. 죽음 앞에서 두려워하며 슬퍼하는 자에게는 "나는 (죽어도 다시 살게 하는) 부활이다"라고 말씀하시고, 길 잃은 양 같은 자에게는 "나는 선한 목자다" 말씀하셨습니다.

이처럼 주님은 우리 삶 전반에서 다각적으로 '나는 너의 무엇이다'라고 말씀하십니다. 바로 나는 너의 피난처요, 힘과 위로요, 외로움 가운데 안식처요, 슬픔 가운데 기쁨의 근원이라고 말씀하십니다. 이러한 경험은 사도 바울의 고백에도 잘 나타납니다. 그는 감옥에서도 예수 그리스도가 자기의 기쁨임을 증언했습니다. 스웨인(J. Swain)도 찬송가 95장에서 "나의 기쁨 나의 소망 되시며 나의 생명이 되신 주"라고 고백했습니다.

혹시 누구도 이해할 수 없고 해결할 수 없을 것 같은 문제로 깊은 절망에 빠져 있습니까? 그 가운데서 '에고 에이미'라고 말씀하시는 주님을 바라보십시오. 우리의 다양한 형편 속에서 '나는 너를 위한 무엇이다' 말씀하시는 주님을 바라보지 않는다면, 과거에 아무리 놀라운 체험을 했더라도 현재의 상황을 말씀으로 이겨낼 수 없습니다. 우리의 힘과 노력만으로는 절망 가운데서 믿음으로 행하며 나아가지 못합니다. 그런 상황에서도 믿음으로 행하며 살기 위해 '에고 에이미' 즉 '나는 너를 위한 무엇이다'라고 말씀하시는 주님을 바라보아야 합니다. 그래야 그 상황을 이길 수 있는 힘과 은혜를 얻을 수 있습니다.

우리를 위해 'I am' 뒤에 올 내용을 비워 두신 주님이 계신다는 사실을 기억하십시오. 외로움과 싸우는 자에게는 "나는 네 위로자다" 말씀하시고, 삶에 지쳐 피곤한 자에게는 "나는 네 우편의 그늘이다" 말씀하시며 안식과 힘을 주시는 주님이 계십니다. 앞이 막막한 자나 정신적 육체적으로 고통받는 자에게는 "나는 너와 함께하는 동행자다" 말씀하시며 힘을 주시는 주님이 계십니다. 우리의 존재와 삶을 다각적으로 채우시는 주님을 바라보십시오. 주님을 믿음으로 바라보지 못하면, 우리가 처한 상황에 함몰되고 현실에 압도당하고 맙니다. 주님을 믿음으로 바라보는 자가 주님이 자신의 무엇이 되신다는 사실을 경험할 수 있습니다.

다윗은 쫓기고 절망에 빠진 상황에서 다른 대책을 마련하지 않았습니다. 오로지 하나님만 바라보며 절망에서 벗어났습니다. 그랬기에 "하나님만 바라라"(시 62:5)고 고백할 수 있었습니다. 성경은 이러한 본보기를 통해 우리가 어디서 소망을 찾아야 하는지 분명히 보여 줍니다.

사도들도 감옥에 갇혔을 때 주를 바라보았고, 수많은 믿음의 선진들도 그랬습니다. 19세기 유명한 설교자 찰스 스펄전도 회심으로 심히 고민하던 중, 자신의 영혼을 채워줄 "주를 바라보라"는 어느 이름 모를 설교자의 말씀을 통해 회심했습니다.

우리가 '나는 너를 위한 무엇이다'라고 말씀하시는 주님을 바라보지 않는다면, 어디서도 영혼을 채울 답을 찾지 못할 것입니다. 이 세상의 지식과 방법으로는 그 답을 발견할 수 없습니다. 그 답은 육신이 되어 오신 여호와 바로 예수 그리스도 안에서만 발견할 수 있습니다.

지금 어떤 어려움에 처해 있든 '에고 에이미'라고 말씀하시는 주님을 바라보십시오. 주님은 우리의 고통 가운데 피난처가 되시고, 막막함 가운데 길이 되시며, 절망 가운데 생명이 되십니다. 믿음으로 주님을 바라보면 충만함과 소망을 경험하게 됩니다. 다윗과 수많은 믿음의 선진들이 경험한 그 은혜를 우리도 누릴 수 있습니다.

우리에게는 기댈 대상이 있습니다. 바로 '에고 에이미'라고 말씀하시는 주님입니다. 그분은 영원히 변하지 않으시는 분입니다. 그 어떤 조건에서도 그분을 바라봄으로 다시 일어서십시오!

Chapter 2

우리를 위한
모든 것 되시는 하나님

"예수께서 이르시되 진실로 진실로 너희에게 이르노니 아브라함이 나기 전부터 내가 있느니라 하시니" _요 8:58

● 여호와 닛시, 승리를 주시는 하나님

요한복음 8장 58절은 매우 획기적인 말씀입니다. 여기서 주목할 점은, 예수님이 자신을 '에고 에이미' 즉 'I am'으로 계시하시며, 그 뒤에 여백을 남겨 두셨다는 사실입니다. 예수님이 '나는 길이다' '나는 진리다'라고 말씀하신 것도 바로 그런 맥락에서 이해할 수 있습니다.

이는 출애굽기 3장에서 하나님이 자신의 이름을 "나는 스스로 있는 자"라고 말씀하신 것에서 드러납니다. 앞장에서 살펴보았듯, 이 표현에는 하나님의 영원성과 초월성을 포함한 많은 의미와 함께, 다양한 방식으로 자신을 계시하시려는 하나님의 의도가 있습니다. 즉, 하나님은 단순히 자신에 대한 객관적인 사실을 나타내는 것에 그치지 않고, 언약을 맺은 자기 백성을 위해 자신이 어떻게 존재하는지 구체적으로 말씀하신 것입니다. 따라서 예수님이 '에고 에이미' 뒤에 덧붙이신 다양한 내용을 살펴보기 전에, 하나님이 구약에서 자신을 '스스로 있는 자'라고 하시며 그 뒤에 덧붙이신 내용을 살펴볼 필요가 있습니다.

먼저 하나님이 자신을 '여호와 닛시'라고 계시하신 사건을 예로 들 수 있습니다. 이는 이스라엘 백성이 아말렉과 싸울 때, 하나님께서 그들 가운데 역사하시며 승리를 주신 사건에서 비롯되었습니다(출 17:8-16). 여호와 닛시는 '나는 너의 깃발이다'라는 뜻으로, 하나님께서 이스라엘 백성을 하나로 모으시고 승리 주신 일을 의미합니다.

출애굽한 이스라엘 백성은 전쟁에 익숙하지 않았습니다. 오랜 노예생활을 마치고 막 도망쳐 나온 그들이 무장한 아말렉과 싸우는 것은 승산 없는 싸움처럼 보였습니다. 그러나 하나님은 그들 가운데 역사하셔서 흩어진 백성을 하나로 모으고 승리하게 하셨습니다. 그때 모세는 제단을 쌓고, 그 이름을 '여호와 닛시'라 불렀습니다(출 17:15).

우리는 종종 시편 23편 기자가 말한 것처럼 '사망의 음침한 골짜기'를 지날 때가 있습니다. 또는 다양한 대적들로 인해 혹은 온갖 곤경과 위험 속에서 마음이 무너지고 두려움에 사로잡힐 때가 있습니다. 그럴 때 하나님은 "나는 너의 깃발이다" 말씀하십니다. 이는 우리의 흩어진 마음을 모으고 무너진 심령을 다시 일으켜 세워, 두려움을 이기고 용기를 내도록 돕는다는 뜻입니다. 우리가 절망 가운데 있을 때, 하나님은 우리의 절실한 필요를 채워주시는 분으로 다가오십니다.

우리는 어려움에 부딪히면 자기도 모르게 세상적인 방법으로 위안을 찾으려 합니다. 영화 한 편 보거나 취미활동으로 기분 전환을 시도하며 마음을 추스르려 하지만, 그런 방법은 대부분 일시적인 현실 망각 정도일 뿐 참된 위안이 되지 않습니다. 육체는 잠시 쉬었을지 몰라도 영적으로는 오히려 더 혼란스러워지는 경우가 많습니다.

그러면 우리의 무너진 마음과 영혼은 어디서 다시 세울 수 있을까요? 멋진 강연이나 감동적인 영화를 본다고 마음의 중심이 자연스럽게 회복되지는 않습니다. 진리의 중심에 기반을 두지 않은 회복은 그리 오래가지 않습니다. 그런 우리를 위해 하나님은 "나는 너의 깃발이다" 말씀하십니다. 그 하나님은 무너진 우리를 다시 세우시고, 삶에 구심점을 주시며, 위기를 극복하고 승리할 힘을 허락하십니다. 이 말씀이야말로 구약에서부터 하나님이 자기 백성에게 주신 약속입니다. 그러므로 우리는 마음이 무너지고 두려움이 밀려올 때 여호와 닛시의 하나님을 바라보아야 합니다. 시편 기자가 "주만 바라라"고 외친 것처럼, 오직 하나님께만 시선을 고정해야 합니다.

현실 속의 여러 문제로 마음이 무너져 있다면 여호와 닛시의 하나님을 바라보십시오. 흐트러지고 무너진 마음을 바로잡을 수 있는 길은 여호와 닛시의 하나님을 바라보는 것입니다. 영적으로 무너진 상태를 회복하는 길도 바로 그 하나님을 바라보는 것입니다. 하나님은 "나는 너의 깃발이다" 선언하시며, 우리가 어려움 속에서도 다시 일어설 수 있도록 도우십니다. 그분을 의지하지 않으면 무너진 영혼과 마음을 회복할 수 없습니다.

● 여호와 살롬, 평강을 주시는 하나님

여호와께서 자기 백성을 위해 덧붙이신 또 다른 이름은 '여호와 살롬'입니다. 이는 기드온이 여호와의 천사를 보고 죽지 않을까 두려워하던 때 하신 말씀과 관련이 있습니다(삿 6:22-24). 하나님은 그런 기드온에게 "안심하라 두려워하지 말라 죽지 아니하리라"(삿 6:23) 말씀하셨습니다. 이 말씀을 통해 기드온은 하나님이 자기 같은 죄인에게도 평강 주시는 분임을 깨달았습니다. 그 후 기드온은 하나님께 제단을 쌓고 그 이름을 "여호와 살롬"(삿 6:24)이라 불렀습니다. 이는 하나님께서 '나는 너의 평강이다'라고 말씀하신 것을 표현한 것입니다.

그렇다면 하나님께서 "나는 너의 평강이다"라고 선언하신 것은 구체적으로 무슨 뜻일까요? 문맥 속에서 그것은 두려움에 떠는 우리에게 하나님이 평강이 되어 주신다는 것입니다. 살다 보면 종종 여러 가지 일과 여러 사람으로 큰 낙심에 빠지고 그 가운데서 고통을 받습니다. 그럴 때 하나님은 "나는 너의 평강이다"라고 말씀하십니다.

우리에게 이 평강이 얼마나 절실한지 모릅니다. 세상은 평화를 끊임없이 외치지만, 실제로는 평강을 앗아가는 것으로 가득합니다. 교황은 새해마다 평화를 언급하고, 정치인은 끊임없이 평화를 약속합니다. 그러나 정치인들의 끝없는 대립과 자기 이익 추구, 보수와 진보의 갈등 속에서 평강은 전혀 찾아볼 수 없습니다. 일상에서, 직장에서, 대인관계 속에서 우리는 끊임없이 평강을 잃게 만드는 상황에 놓입니다. 그러면 이러한 내면의 불안을 해소하고자 심신 수양이나 명상 같은 방법을 시도합니다. 그러나 거기서 얻는 안정은 사실 평강이 아닙니다. 죄 문제가 해결되지 않은 상태에서 얻는 일시적인 감정적 안정이기 때문입니다.

그러면 참된 평강은 어디서 얻을 수 있을까요? 하나님이 분명히 말씀하셨습니다. "내가 너의 평강이다." 하나님만이 평화의 근원이시며 우리의 평강입니다. 그리고 하나님의 아들 예수 그리스도께서 이 말씀을 확고히 증명하셨습니다. 예수님은 십자가에서 죽으심으로 우리를 위한 화평이 되셨습니다. 사도 바울은 "그는 우리의 화평이신지라"(엡 2:14)라고 말했습니다.

하나님이 말씀하신 이 평강은 단순히 도구적인 평화가 아닙니다. 하나님 자신이 친히 우리의 평강이 되어 주신다는 뜻입니다. 하나님은 십자가를 통해 자신을 우리에게 내어 주심으로써 근본적인 평강을 이루셨습니다. 더 나아가 우리의 삶 속에서 끊임없이 평강을 주십니다.

평강을 잃어버렸습니까? 그러면 "나는 너의 평강이다" 말씀하신 여호와 샬롬의 하나님을 바라보십시오. 하나님은 우리가 하나님을 믿고 의지할 때 평강이 되어 주십니다.

● 여호와 치드케누, 의가 되시는 하나님

또 한 가지, 하나님이 자기 백성에게 'I am'이라고 선언하신 뒤 덧붙인 이름은 '치드케누'입니다. 이는 예레미야 23장에 나오는 표현으로 "여호와 우리의 공의"(렘 23:6)라는 뜻입니다. 이는 하나님이 "나는 너의 의다"라고 말씀하신 것입니다. 하나님이 언약 맺은 백성들의 의가 되심으로써, 그들에게 쏟아질 모든 비난과 정죄에서부터 안전하게 지키신다는 약속을 담고 있습니다. 특히 하나님은 다윗의 후손 가운데서 "한 의로운 가지"(렘 23:5)를 일으키겠다고 약속하셨는데, 그 약속이 이 땅에 오신 'I am'이신 예수 그리스도를 통해 이루어졌습니다. 예수님이 우리의 의라는 사실은 바로 이 맥락에서 이해할 수 있습니다.

우리는 모두 죄라는 꼬리표를 달고 살아갑니다. 죄는 본질적으로 의를 대적합니다. 그러기에 죄책을 씻어야 합니다. 그런데 하나님이 우리의 죄와 죄책으로 인한 모든 비난과 정죄를 해결하는 '의'로 자신을 드러내셨습니다. 하나님은 우리의 죄와 죄책을 직접 짊어지시고, 예수 그리스도의 십자가를 통해 그것을 완전히 해결하셨습니다. 그렇게 여호와 치드케누 곧 '나는 너의 의다'라는 선언은 십자가에서 구체적으로 실현되었습니다.

우리는 스스로 죄에 대한 비난과 정죄를 피할 수 없고, 죄책에서 자유로울 수도 없습니다. 우리에게는 의가 없기 때문입니다. 그러나 하나님은 "나는 너의 의다"라고 말씀하셨고, 실제로 우리의 의가 되기 위해 우리의 죄와 죄책을 십자가에서 모두 담당하셨습니다. 그러므로 죄책에 시달리며 구원을 의심하거나 마음의 평안을 상실한 사람이 있다면, "나는 너의 의다" 말씀하시는 하나님을 바라보십시오. 우리의 죄책과 정죄는 오직 주 예수 그리스도 안에서만 해결할 수 있습니다. 우리의 의가 되시는 주님 때문에 어떠한 비난이나 정죄도 받지 않습니다. "그리스도 예수 안에 있는 자에게는 결코 정죄함이 없나니"(롬 8:1). 이는 하나님이 친히 우리의 의가 되셨기에 가능한 일입니다. 그러므로 그리스도 예수 안에 있는 의를 믿음으로 받아들이십시오. 그분은 우리의 의가 되기 위해 모든 것을 이루셨습니다.

● 여호와 라파, 치료하시는 하나님

하나님이 자기 백성에게 'I am'이라고 선언하신 뒤 덧붙인 또 하나의 이름은 '여호와 라파'입니다. 이는 출애굽기 15장에서 "나는 너희를 치료하는 여호와"(출 15:26)라고 말씀하신 데서 나온 표현입니다. 이 말씀은 이스라엘 백성이 홍해를 건넌 후 마라에 도착했을 때의 상황과 관련 있습니다.

마라에 도착한 그들은 물을 마시려 했으나 너무 써서 마실 수 없었습니다. 그때 하나님이 쓴물을 단물로 바꿔 마실 수 있게 하셨습니다. 그 후 하나님은 "내가 애굽 사람에게 내린 모든 질병 중 하나도 너희에게 내리지 아니하리니 나는 너희를 치료하는 여호와임이라"(출 15:26)고 말씀하셨습니다. 이는 우리가 인생에서 마라의 쓴물 같은 쓰디쓴 고통을 경험할 때, 하나님이 우리의 치료자가 되어 삶을 고치시고 마음을 회복시키시며, 몸을 치유하시는 분임을 보여 준 것입니다.

마라의 쓴물 같은 힘든 현실 속에서 단물을 만들어내시는 하나님을 경험하고 있습니까? 오늘날 교회 안에는 믿음을 단지 관념적인 것으로 여기고, 실제로는 하나님을 믿지 않는 사람들이 있습니다. 시편 기자들은 절박한 상황 속에서 하나님을 바라보라고 외치지만, 사람들은 하나님을 좀처럼 바라보지 않습니다. 하나님은 "나는 너의 치료자다" 분명히 말씀하셨는데, 그분께 시선을 고정하지 않습니다. 그래서 삶이 어렵습니다. 고통 속에서 약에 의존해 사는 경우가 많습니다. 불가피하게 약을 먹어야 하는 경우도 있지만, 정신적으로 조금만 힘들어도 약에 의존하는 세상입니다. 이전 세대는 어려움 속에서도 약 없이 살았습니다. 그런데 요즘은 예수 믿는 사람들조차 정신적인 어려움을 하나님보다 약에 의존해 해결하려고 합니다. 치료자 되신 하나님께 반응하기보다 쉬운 길을 택하는 것입니다. 하나님은 우리의 정신적 육체적 영적인 문제를 모두 치유할 수 있는 분인데도 그분을 바라보지 않습니다. 인간은 하나님과의 관계가 바르게 회복될 때, 비로소 정신적인 문제와 삶의 구조가 제자리를 찾습니다. 반대로 하나님과의 관계가 어그러지면 정신적인 문제뿐 아니라 삶의 전반에 걸쳐 문제가 생기는 것을 타락 이후부터 보고 경험하였습니다. 그러므로 치료자이신 하나님을 바라보아야 합니다.

하나님은 스스로 자존하시는 거룩한 분임에도 "나는 너의 치료자다"라고 소개하셨습니다. 이는 현실 속의 문제를 직접적으로 치유하실 수 있기 때문입니다. 하나님은 우리 삶의 모든 고통을 치유하시고, 마라의 쓴물 같은 현실 속에서도 단물을 만들어내십니다.

● 여호와 로이, 인도하시는 목자

하나님께서 'I am'이라고 선언하신 뒤 덧붙인 이름 중에는 '여호와 로이'가 있습니다. 이는 시편 23편에서 "여호와는 나의 목자시니"라고 번역된 표현으로 '나는 너의 목자다'라는 뜻입니다. 이는 하나님의 아들 예수 그리스도께서 이 땅에 계실 때도 반복해서 하신 말씀입니다. "나는 선한 목자다." 이는 구약에서 하나님이 자신을 여호와 로이로 소개하신 것을 예수님도 이어서 말씀하신 것입니다.

목자는 양의 생명과 삶을 돌보며 매일 책임지고 필요한 양식을 줍니다. 마찬가지로 목자이신 하나님은 우리의 생명과 삶을 책임지고 인도하십니다. 따라서 "나는 너의 목자다"라는 말씀 속에는 수많은 위험 속에서 우리를 건지시고 보호하시며 안전하게 이끄신다는 약속이 담겨 있습니다.

우리는 매일 목자의 인도가 필요합니다. 수많은 문제와 위험, 혼란과 고통, 슬픔과 외로움, 질병과 낙심, 불안과 두려움, 그리고 그밖에 많은 시험 속에서 살아가기 때문입니다. 하나님은 그러한 우리를 인도하시는 목자입니다. 우리 삶에는 크고 작은 감정의 격동이 끊임없이 일어납니다. 이때 잘못된 인도를 따르면 죄의 길로 빠지거나 엉뚱한 곳으로 갈 수 있습니다. 그러나 혼란 속에서도 하나님은 여전히 우리의 목자가 되십니다.

'나는 너의 목자다'라는 선언은 일시적인 도움을 말하는 것이 아닙니다. 하나님은 우리를 영원까지 인도하시는 목자입니다. 우리의 필요를 채우실 뿐 아니라 우리가 감지하지 못하는 위험에서도 우리를 보호하십니다. 하나님은 매 순간 모든 상황에서 우리의 목자가 되실 뿐 아니라, 우리의 삶과 영혼을 부요하게 인도하십니다.

　호주에서 목회할 때였습니다. 주일에 병원에 있던 아내에게서 두 번째 유산 소식을 듣고 급히 병원으로 가고 있었습니다. 기대가 커서 그랬는지 마음이 많이 무거웠습니다. 그때 차를 타고 가며 찬송가를 듣는데, 시편 23편 1절 말씀이 갑자기 크게 다가왔습니다. "여호와는 나의 목자시니 내게 부족함이 없으리로다." 나는 부족함이 없다는 것이 다름 아닌 여호와가 나의 목자가 되시기 때문임을 깨달았습니다. 그리하여 병원으로 향하는 내내 하나님께서 나의 목자 되심을 더욱 확고히 믿고 신뢰하면서 이내 위로와 평안을 얻었습니다. 목자는 양의 매 순간을 놓치지 않습니다. 우리의 목자이신 하나님도 우리의 삶을 아시고 매 순간 인도하십니다.

● 여호와 이레, 친히 준비하시는 하나님

　　　　　　　하나님이 'I am'이라고 선언하신 뒤 덧붙인 이름 중 '여호와 이레'가 있습니다. 이는 '하나님이 준비하신다'는 뜻으로, 아브라함이 하나님께 번제 드릴 제물을 하나님이 친히 준비하셨을 때 사용된 표현입니다. 오늘날 많은 주석가가 이 이름에 대해 다양하고 풍성하게 설명하지만, 그 상황에서 행하시고 말한 것만 놓고 생각할 때, 여호와 이레로 말한 하나님의 행하심은 매우 놀랍고 은혜롭습니다. 하나님이 아브라함을 위해 필요한 것을 친히 준비하셨기 때문입니다.

우리는 우리가 하나님을 위해 뭔가 준비해야 한다고 생각할 때가 많습니다. 그러나 하나님은 오히려 "내가 너를 위해 준비하는 자다" 말씀하십니다. 우주 만물을 창조하신 거룩하고 영원하신 하나님이, 죄 많고 유한한 피조물인 우리를 위해 친히 준비하신다는 하나님의 선언은 은혜로 가득합니다. 우리의 자격이나 공로로 은혜를 얻는 것이 아닙니다. 하나님이 은혜로 약속하셨기 때문에, 우리는 이 사실을 받아들이기만 하면 됩니다.

하나님은 자신의 의로운 목적을 따라 우리 삶에 필요한 모든 것을 준비해 주십니다. 아브라함 대신 번제 드릴 양을 준비하셨고, 다윗에게는 필요한 친구와 피할 길을 예비하셨으며, 그가 오를 왕위까지도 준비하셨습니다. 그런 하나님이 우리 삶에 필요한 것을 준비하고 이루십니다. 때로는 그것이 당장 눈앞에 보이지 않더라도 곧 뒤이어 확인하게 됩니다.

어떤 사람은 이렇게 말할지 모릅니다. "저는 아직도 하나님이 준비하신다는 것을 잘 모르겠습니다." 그러나 지나온 삶을 돌아보면, 하나님이 지금까지 우리의 필요를 채우시고 삶을 인도하셨음을 알 수 있습니다. 그러니 우리의 필요가 지금 즉각적으로 채워지지 않는다 해도, 끝까지 준비하시는 하나님을 믿어야 합니다. 아브라함이 이삭을 번제물로 바칠 때, 끝까지 하나님을 믿었습니다. 칼을 들어 이삭에게 내리치려던 순간까지도 하나님을 믿었습니다. 하나님이 이삭을 다시 살리셔서라도 약속을 이루실 것을 믿은 것입니다(히 11:17-19). 그런 믿음으로 여호와 이레의 하나님을 신뢰해야 합니다.

"하나님, 왜 제 기도에는 아직도 응답하지 않으시는 겁니까? 왜 제 결혼 문제는 해결되지 않는 건가요?"라고 묻는 사람이 있다면 "나는 너를 위해 준비하는 자다"라고 말씀하신 하나님을 믿으십시오. 우리 인생을 최상으로 인도하시는 분임을 믿으십시오. 여호와 이레의 하나님이 삶을 이끄시고 필요한 모든 것을 친히 준비하십니다.

● 여호와 삼마, 네가 있는 곳에 나도 함께 있다

하나님께서 자기 백성에게 'I am'이라고 선언하신 뒤 덧붙인 이름 중에는 '여호와 삼마'가 있습니다. 에스겔서의 마지막에 나오는 표현으로 '여호와께서 거기 계신다'는 뜻입니다. 다시 말해, '나는 거기에 있다' 또는 '나는 거기에 있는 자다'라는 의미입니다. 이 말씀은 하나님이 그의 백성과 영원히 함께 거하신다는 약속입니다. 더 나아가 하나님이 예수 그리스도 안에서 임마누엘로 오셔서 자기 백성과 함께하시되, 영원까지 함께하실 것을 나타낸 것이기도 합니다. 결국 지금 우리가 있는 이곳에서부터 어디든지, 그리고 영원에 이르기까지 하나님은 항상 우리와 함께 계심을 뜻합니다.

그러므로 '나는 너희가 있는 곳에 있는 자다'라는 복된 약속을 기억하십시오. 우리는 자신과 함께하는 이가 없다고 느낄 때 가장 힘이 듭니다. 그 외로움은 정말 견디기 어렵습니다. 누군가 내 진심과 결백을 알아주지 않는다고 느낄 때, 더 나아가 믿음을 지키는 신자로서 외로운 싸움을 하고 있는데 주변에 믿음의 동료조차 없을 때, 그 외로움은 더욱 깊어집니다. 특히 대화할 상대가 없거나 홀로 병상에 누워 있어서 자기 마음을 이해해 주는 이가 없다고 느낄 때, 외로움과 절망에 빠지기 쉽습니다.

그러나 예수 믿는 우리는 그 순간에도 절망할 이유가 없습니다. 여호와 삼마, 즉 '나는 네가 있는 곳에 함께 있다'고 약속하신 하나님이 계시기 때문입니다. 하나님은 항상 우리 곁에 계실 뿐 아니라 영원히 우리와 함께하십니다. 이것이 바로 '여호와 삼마'가 주는 메시지입니다. 그리고 예수님은 승천하시기 전, 세상 끝날까지 너희와 항상 함께 있을 것이라고 말씀하셨습니다(마 28:20). 하나님은 결코 우리를 홀로 두지 않으십니다. 지금 우리가 있는 자리, 그곳이 어떤 곳이든 영원토록 하나님은 우리와 함께하십니다.

● 결핍을 채우시는 하나님

이 장에서 언급한 하나님의 이름은 구약에 나오는

많은 이름 중 일부에 지나지 않습니다. 성경에서 이 'I am'의 하나님을 잘 찾아보십시오. 실제로 하나님은 'I am' 뒤를 수도 없이 많은 내용으로 채우시며 자신을 '여호와 ~'라고 말씀하십니다. 하나님은 우리의 모든 삶, 모든 상황, 모든 시간과 모든 장소에서 우리를 위한 'I am'이 되어 주십니다. 지금뿐 아니라 우리가 운명할 때, 그리고 그 후에도 하나님은 우리를 위한 'I am'이 되어 주십니다.

우리가 직장에 있을 때나 혼자 방에 있을 때, 타국에 있을 때나 외롭고 힘들 때도, 하나님은 'I am'이라고 말씀하시며 그 뒤에 뭔가를 덧붙이십니다. 하나님이 'I am' 뒤에 빈 공간을 두고, 그 빈자리를 다양하게 채움으로 우리의 필요를 해결해 주시는 분으로 자신을 드러내십니다. 이것은 성경 속 각 세대와 사람들이 경험한 하나님이 우리에게 계시하신 내용입니다.

하나님은 평강이 필요할 때 평강이 되어 주시고, 힘이 필요할 때 힘이 되어 주십니다. 지혜가 필요할 때는 우리의 지혜가 되어 주시고, 슬픔과 고난 가운데 위로와 보호가 필요할 때는 우리의 도움이 되어 주십니다. 이 외에도 하나님은 여호와 마기네누(우리의 방패), 여호와 네추다피(우리의 요새), 여호와 미시가네(우리의 산성), 여호와 마흐시(우리의 피난처), 여호와 마후지(우리의 보장), 여호와 네필더(나를 건지시는 분), 여호와 우리(나의 빛), 여호와 우시(나의 힘)가 되어 주십니다.

문제는 이러한 하나님을 우리가 믿음으로 바라보는가 하는 것입니다. 하나님께서 '나는 너의 ~이다'라고 말씀하신 이 약속이, 단순히 지식에 그치는 것이 아니라 실제 믿음으로 이어지는가 하는 것입니다. 오늘날은 실천적인 믿음이 점점 사라지고 있습니다. 성경을 공부하고 수많은 설교를 듣지만, 하나님을 신뢰하고 의지하는 것과는 점점 멀어지는 듯합니다. 현대 사회가 인간의 고통과 필요를 채워 주는 대체물로 가득하기 때문입니다. 아프면 병원에 가고, 힘들면 다양한 취미생활을 즐기는 등 쉽게 얻을 수 있는 것이 주변에 즐비합니다. 그러다 보니 정작 하나님을 의지하고 신뢰하는 것은 점점 더 약해지고 있습니다.

우리는 눈과 마음을 속이는 이러한 대체물을 걷어내야 합니다. 그리고 영원히 계시는 하나님께로 나아가야 합니다. 하나님은 우리의 흩어진 마음을 일으켜 세우시고, 진리로 인도하시며, 참된 안식과 채움을 주십니다. '여호와 무엇'으로 자신을 드러내신 하나님은 그런 분으로 말하며 우리의 전부가 되십니다. 이 변치 않는 하나님을 항상 바라보고 의지하면, 하나님을 매 순간 모든 상황에서 생생하게 경험할 수 있습니다.

생명의 떡이신 주님

"예수께서 이르시되 나는 생명의 떡이니 내게 오는 자는 결코 주리지 아니할 터이요 나를 믿는 자는 영원히 목마르지 아니하리라" _요 6:35

● 우리를 위하시는 하나님, 우리 가운데 오신 하나님

하나님은 자신을 'I am'이라고 칭하시며, 그 뒤에 뭔가를 첨가하여 자신을 묘사하셨음을 살펴보았습니다. '여호와'라는 이름은 '나는 있느니라'를 내포하고 있습니다. 그리고 하나님은 이 '여호와'라는 이름에 다양한 내용을 덧붙이며, 언약을 맺은 자기 백성을 위해 자신이 어떤 존재인지 알리셨습니다. 하나님이 자신을 언약 가운데 우리에게 묶으시며 우리를 채우시는 분으로 나타내신 것입니다.

사실 하나님은 그렇게 하실 필요가 없습니다. 하나님은 영존하시며 영원부터 영원까지 계십니다. 반면, 피조물에 불과한 우리는 잠시 있다가 사라질 존재입니다. 그럼에도 하나님은 언약 가운데 자신과 우리를 묶으시며 '나는 너희를 위한 ~이다'라고 말씀하셨습니다. 이는 우리가 하나님을 위해 무엇을 하는 것이 아니라, 하나님이 우리를 위해 모든 것을 하신다는 의미입니다. 하나님은 이렇게 자신을 언약 관계 안에서 우리에게 묶으시며, 구약에서부터 자신을 우리를 위한 존재로 묘사하셨습니다. 놀라운 것은 이러한 하나님의 묘사를 하나님의 아들 예수 그리스도께서 이 땅에 육신을 입고 오셔서, 그대로 자신에게 적용하셨다는 사실입니다.

● 생명의 떡, 예수 그리스도

예수님은 이번 장에서도 'I am' 뒤에 '생명의 떡'을 추가함으로써, 구약에서부터 하나님인 여호와로 자신을 드러내시며 우리를 위한 '생명의 떡'이라고 말씀하셨습니다. 예수님은 오병이어 기적을 행하신 후 이 말씀을 하셨습니다. 물고기 두 마리와 보리떡 다섯 개로 오천 명 이상을 먹이신 이 사건은, 남자만을 헤아렸을 때 오천 명이니 아이들과 여성을 포함하면 훨씬 더 많았을 것입니다.

그 적은 음식으로 많은 사람을 먹이셨으니 사람들은 크게 놀랄 수밖에 없었고, 그런 예수님을 왕으로 삼으려 했습니다. 그러나 예수님은 그들을 피해 건너편으로 가셨습니다. 그런데도 사람들은 건너편까지 예수님을 따라왔습니다. 그들이 예수님을 그렇게 열렬히

찾은 이유는, 예수님이 말씀하신 것처럼 계속해서 그 놀라운 떡을 먹고 싶었기 때문입니다. 그들은 육신의 생명을 위해 오병이어 같은 기적이 계속 일어나기를 바랐던 것입니다. 결국 육신을 위한 떡을 구하러 예수님께 나온 셈이었고, 이에 예수님은 "나는 너희가 찾는 그런 떡이 아니다. 나는 생명의 떡이다"라고 말씀하셨습니다. 그리고 육체의 필요를 채우는 떡을 넘어, 인간의 근본적인 필요를 채워 주는 특별한 떡에 대해 말씀하셨습니다.

이를 통해 예수님은 육신적인 필요를 넘어 인간 존재의 근원적인 필요를 채우는 존재로 자신을 드러내셨습니다. 여기서 '떡'은 영어로 'bread'(빵)입니다. 옛날 성경번역자들은 이것을 '떡'으로 옮기는 것이 적절하다고 보았습니다. 그러나 우리나라는 떡이 주식이 아니기 때문에, 정확히 말하면 '밥'에 가까운 개념으로 이해할 수 있습니다.

유대인에게 빵은 전통적인 주식으로 필수 음식이었습니다. 오늘날에는 빵이나 밥 외에도 식사를 대체할 다양한 음식이 있지만, 예수님 당시에는 그렇지 않았습니다. 그래서 예수님이 자신을 '생명의 떡(밥)'으로 말씀하신 것은, 사람이 빵이나 밥 없이 살 수 없듯 우리의 영혼도 예수 그리스도 없이는 살 수 없음을 보여 주신 것입니다.

● 밥, 그 이상이 필요한 인간

모든 인간은 자신이 깨닫든 깨닫지 못하든 근본적으로 하나님이 필요하며, 이 땅에 오신 예수 그리스도를 필요로 합니다. 각자의 영혼이 스스로 그것을 말해 줍니다. 다시 말해, 우리 내면 깊은 곳의 절규가 이를 잘 드러냅니다. 우리 모두 인정하듯 인간은 근원적인 필요를 가지고 있습니다. 물질적으로 아무리 풍족하더라도 그것만으로는 채워지지 않는 부분이 있습니다.

좋은 차를 소유하고, 좋은 집에 살며, 휴가를 멋지게 보내고, 사랑하는 사람과 낭만적인 시간을 보내더라도, 또 세상에서 출세하고 성공을 이루더라도 근원적인 공허함은 여전히 남아 있습니다. 살면서 '이것만 있으면 될 것 같아. 저것만 이루면 충분할 거야'라고 기대하지만, 그 기대가 채워져도 공허함은 사라지지 않습니다.

왜 그럴까요? 이 세상에서 최고의 것을 쟁취하더라도 시간이 지나면 만족감이 사라지기 때문입니다. 대통령을 보아도 처음 취임할 때는 열광적인 지지를 받으며 시작하지만, 퇴임할 때의 모습은 그와 사뭇 다릅니다. 인간은 이 세상에서 최고의 것을 얻어도 채워지지 않는 근원적인 필요를 가지고 있습니다. 우리가 이 세상에서 좋다고 여기며 추구하는 것에는 생명성이 없기 때문입니다. 그런 것은 모두 일시적이며 시들고, 반복하다 보면 싫증이 납니다. 아무리 아름다운 경치도 매일 보면 감흥이 사라집니다.

호주에 있을 때, 아름다운 코테슬로 비치(Cottesloe Beach)에 백만

장자들의 집이 많았습니다. 그런데 그곳에 사는 사람들이 자살률이 높다고 들었습니다. 좋은 것을 매일 보면 행복할 것 같지만, 꼭 그렇지만은 않다는 것을 드러냈습니다. 이 모든 것에는 생명이 없고 썩어 없어질 것이기 때문입니다. 이로써 알 수 있듯이 우리 영혼의 절규, 곧 우리 존재의 근원적인 필요는 이 세상의 것들로 채울 수 없습니다. 앞서 언급한 것들, 즉 멋진 휴가나 물질적인 것은 아무리 많이 소유하고 누려도 영혼을 부유하게 만들지 못합니다.

이처럼 인간 존재 안에는 채워지지 않는 결핍이 있습니다. 이는 단순히 인간의 욕심 차원이 아니라 존재의 근원에서부터 비롯된 필요입니다. 이러한 근원적인 필요를 해결하기 위해 사람들은 여러 대용품을 찾습니다. 물질적인 것에 집착하거나 어떤 목표를 설정하고 그다음 목표를 향해 나아가는 과정에서 잠시 그 필요를 망각하기도 합니다. 심지어 어떤 이들은 종교에 심취함으로써 그 허전함을 채우려고 합니다. 그러나 죄가 해결되지 않은 인간의 내면에는 여전히 절규가 남아 있습니다. 결국 영혼의 근원적인 필요는 이 세상 것으로는 채워질 수 없음을 더 크게 느끼게 됩니다.

어떤 사람들은 의지적으로 이러한 근원적인 필요를 무시하며 삽니다. 그저 먹고 마시며, 좋으면 좋고 싫으면 싫은 것이라 여기면서, 오늘 하루로 끝내버리려는 태도를 보이기도 합니다. 술이나 약물에 의존해 잠시 잊으려고도 하지만, 정신이 돌아오면 본성상 근원적인 필요가 있다는 것을 깨닫게 됩니다.

● 허기진 영혼을 채우는 바로 '그 떡'

예수님은 육신의 필요만을 생각하며 그것으로 만족을 추구하는 사람들에게 말씀하십니다. "나는 생명의 떡이다." 이는 인간 안에 있는 근원적인 필요는 육체의 음식으로는 채울 수 없다는 전제 아래, 자신이 바로 그 필요를 채우는 존재임을 선포하신 것입니다.

여기서 말씀하신 떡은 일시적인 떡이 아닙니다. 생명과 연관된 떡, 우리의 근원적인 필요를 채우는 떡을 가리킵니다. 예수님은 자신을 생명의 떡으로 말씀하시면서, 우리의 근원적인 필요를 채울 수 있는 유일한 존재임을 강조하셨습니다. 우리말 번역에는 드러나 있지 않지만, 헬라어 원문에는 떡 앞에 정관사가 붙습니다. "나는 생명의 '그' 떡이다." 영어로 표현하면 'The Bread of Life'입니다. 영어에는 'Life'(생명) 앞에 정관사 'the'가 생략되었지만, 헬라어에는 정관사를 써서 문자적으로 말하면 '그 생명의 그 떡이다'라고 말하고 있습니다.

결국 이 표현은 예수님만이 우리 영혼의 필요를 채우는 그 떡, 바로 유일한 분임을 의미합니다. 예수님은 하늘로부터 온 떡이기 때문입니다. 이 세상에서 자생적으로 만들어진 유한한 떡이 아니라 하늘로부터 온 떡이십니다. 예수님은 우리의 죄를 지고 십자가에 달려 죽으심으로써 영생의 장애물인 죄를 해결하셨기 때문에, 유일한 생명의 그 떡이 되십니다. 그러므로 '나는 생명의 떡이다'라는 말씀은 '나는 너의 근원적인 필요, 곧 영혼의 근원적인 배고픔을 채울 수 있는 유일한 생명의 떡이다'라고 말씀하신 것입니다.

● 밥이 있어도 먹지 않는 사람들

어떤 사람은 '예수 그리스도를 구원주로 믿고 그와 교제하면 정말 주리지 않고 영원히 목마르지 않을까?'라고 생각할지 모릅니다. 또 예수 믿는 사람 중에 '좋은 말씀이야. 그렇게 되면 참 좋겠어'라고 생각하는 사람도 있을 것입니다. 특별히 교회를 다니면서도 세상적인 욕심에 사로잡혀 있는 사람들, 하나님이 채워 주시는 것을 물질적인 차원에서만 생각하는 사람들의 시각에서 보면, 이 말씀은 매우 비현실적이라고 느낄 수 있습니다.

그러나 예수님의 말씀은 틀림이 없습니다. 만약 예수님의 말씀과 자기 경험 사이에 어떤 괴리가 있다면, 그것은 이 말씀에 문제가 있는 게 아닙니다. 다시 말해, 생명의 떡이신 예수님이 우리의 주림과 갈증, 즉 영혼의 내면적인 필요를 채워 주지 못하거나 채워 주려 하지 않기 때문이 아니라는 말입니다. 문제는 우리가 매일 밥을 먹는 것처럼 생명의 떡이신 주님께 채움받기를 원하지 않는다는 것입니다. 생명의 떡이신 그분과 매일 교제하는 것을 게을리하기 때문입니다.

살아가면서 어려움은 누구나 겪을 수 있습니다. 그런데 어려움을 겪는 순간마다, 힘들다고 느낄 때마다, 생명의 떡이신 예수님을 바라보고 있습니까? 생명의 떡이신 그분이 영혼을 채워 주실 거라 믿으며 주님과의 교제에 힘쓰고 있습니까?

주님의 약속에는 결코 잘못된 부분이 없습니다. 예수님은 'I am' 이라고 말씀하신 여호와입니다. 여호와께서 인간의 몸을 입고 이 땅에 오셔서 '나는 ~이다'라고 말씀하신 것은 결코 빈말이나 형식적인 말이 아닙니다. 구약에서도 여호와께서는 이스라엘 백성에게 자신을 'I am'이라 밝히셨고, 단 한 번도 약속을 어기지 않고 신실하게 그들을 인도하셨습니다.

예수님의 말씀도 바로 그 연장선상에 있습니다. 이 말씀에는 어떤 결함도 없으며 조금의 하자도 없습니다. 여호와께서 'I am who I am'이라고 말씀하신 것의 연장선상에서 하신 말씀이기에, 조금도 의심할 수 없습니다. 그를 믿는 자, 그에게 나아오는 자에게 기꺼이 'I am'이 되어 생명의 떡으로 우리 영혼을 채우십니다.

우리 영혼은 다양한 경험으로 인해 여러 갈증과 배고픔을 느낄 수 있습니다. 그것은 공허함일 수도 있고, 갈피를 잡지 못하는 혼란스러움일 수도 있습니다. 그래서 때로는 위로와 평안, 견고함이 절실합니다. 그때 생명의 떡이신 예수님이 계신다는 사실을 기억하십시오. 환경의 어려움을 느끼는 만큼 예수님께 나아가 채워 주시길 구하십시오. 그러면 결코 주리지 않게 하겠다는 것이 주님의 약속입니다. 그것도 일시적이 아닌 영원히 말입니다.

아무리 부유한 사람이라도 깊은 내면에는 불만족이 자리하고 있습니다. 그것을 극복하기 위해 다양한 방법이 소개되고 있습니다. 신자는 성경을 통해 자족하는 삶을 배우지만, 인간은 다양한 불만족을 경험합니다. 그 근본적인 불만과 필요, 하루하루 느끼는 영혼의 굶주림은 누구나 경험합니다.

그럴 때 다른 것으로 채우려 하지 마십시오. 다른 것으로는 결코 채울 수 없습니다. 우리 영혼은 오직 생명의 떡이신 예수님으로만 채워져야 하기 때문입니다. 예수 그리스도는 우리 영혼의 근원적인 필요 및 지속적인 필요를 채우기 위해 친히 하늘로부터 임하신 생명의 떡입니다. 그분은 우리의 필요를 채울 수 있는 유일한 분으로 진정한 생명의 떡입니다.

● 예수님으로 배부른 삶

현실적인 삶의 어려움은 중요한 문제입니다. 그러나 그보다 더 중요한 것은, 살아가면서 근원적인 필요를 느낄 때 주님이 주시는 답이 자신에게 실제로 경험되는가 하는 것입니다. 알란 미난(Alan Meenan)은 요한복음 6장 38절을 설명하면서 이렇게 말했습니다.

우리의 삶이 이기기보다는 지고 있고, 불어나기보다는 줄어들고,

얻는 것보다는 빼앗기는 것이 더 많아 보일 때, 우리 마음속 깊은 곳에서 부르짖는 아우성이 있다. 우리는 무의미하고 목적 없이 낭비되는 세월을 서러워하며 외친다.

'하나님, 제 삶에 이것이 전부입니까? 분명 이보다는 무엇인가 더 나은 것이 있겠지요. 이렇게 단조롭고 다람쥐 쳇바퀴 같은 무기력한 삶이 전부일 수 없지 않습니까! 다른 사람들의 삶에 맞추어 살아가는 인생살이에 저는 지쳤습니다. 더 이상 견딜 수 없어 숨이 막혀 질식할 것 같습니다! 나는 인생의 폭군으로부터 해방되어야 합니다. 주님, 이 세상을 정지시켜 주십시오. 저는 내리고 싶습니다!'

고난과 슬픔으로 찢기고 금이 간 아픈 가슴을 안고 황량한 광야에 홀로 서 있는 듯한 때에 우리는 무서운 고독감과 공허감에 휘감긴다. 그 같은 순간에 우리에게 필요한 치유와 해갈을 위해 예수님의 짧은 몇 마디가 우리의 기막힌 상황을 일신시키는 생명의 말씀으로 다가온다. 이 세상에서 둘도 없는 전혀 색다른 분으로서 예수님이 주시는 말씀은 무엇인가? 그것은 '나는 하늘에서 내려온 자'라는 것이다. 예수님은 우리의 전망을 바꾸어 놓으신다. 예수님은 우리의 삶에 새로운 지평을 여신다.

이 글을 읽는 독자 중에 자기 인생이 목표에서 빗나간 화살처럼 엉뚱한 곳으로 흘러갔다는 좌절과 회한으로 절망의 길을 걷는 자가 있는가? 당신의 처지 때문에 심리적으로 억눌리거나 신경성 우울증에 빠지거나 패배감에 사로잡히지 않게 하라. 오히려 그런 당신의 고통

으로 인해 그리스도께로 눈을 돌리도록 하라[01]

그는 계속해서 이렇게 말했습니다.

우리 대부분이 날마다 염려로 불안해한다. 온갖 힘든 일로 우리를 괴롭히는 일종의 독재 군주를 머리 위에 모시고 다닌다. 우리는 날마다 밀려오는 걱정거리와 내려놓을 수 없는 짐 때문에 지쳐서 곧 허물어질 듯하다. 우리 속에서 평안의 재고가 바닥이 나버린 지 옛날이다. 어떤 이들은 사는 것이 지겹다고 느낀다. 마음에 잠시라도 밝은 햇살이 비치지 않고, 입에 단 한 구절의 노랫소리도 담을 수 없으며, 영혼의 어떤 스릴이나 살아 있다는 즐거움으로 하나님께 한 번이라도 크게 찬송할 수 없는 삶을 날마다 그야말로 죽지 못해 살아간다. (중략) 예수님은 나는 생명의 떡이라고 하셨다. (중략) 내게 오는 자는 결코 내쫓지 아니하리라고 하셨다. 이 얼마나 은혜로운 말씀인가! 모든 것이 불확실한 현실 속에 사는 우리에게 예수님은 확실하고 신뢰할 수 있는 것을 제공하신다. 내가 결코 내쫓지 아니하리라[02]

혹시 자신의 상태에 마음을 빼앗겨 불안 속에서 평안을 잃었거

---

[01] 알란 미난, 『예수 그리스도의 자화상』, 이중수 역 (서울: 양무리서원, 2001), pp.24-26.
[02] 같은 책, pp.27-31.

나, 삶이 지루하고 무의미하게 느껴져 하나님께 드리는 찬송조차 잃어버린 상태입니까? 그렇다면 예수님의 말씀에 귀 기울이십시오. 예수님은 'I am'이라고 선언하시며 '나는 생명의 떡이다'라고 말씀하셨습니다. 예수님은 우리의 근원적인 필요뿐 아니라 지속적인 필요를 채우시는 분이라고 말씀하십니다.

진정한 만족을 얻지 못하는 우리에게 이 말씀보다 더 확실하고 든든한 약속은 없습니다. 그러므로 어떤 희생을 치르더라도 이 생명의 떡이신 예수님을 받아들여야 합니다. 그리고 이 생명의 떡 안에서 참된 안식과 만족을 누려야 합니다. 우리 주 예수님은 "나는 하늘에서 내려온 자다. 나는 생명의 떡이다. 내게 오는 자는 내가 결코 내쫓지 아니하리라"고 확실하게 말씀하십니다.

● 생명의 떡을 왜 먹지 않는가

생명의 떡을 먹는다는 것은 예수님을 믿는다는 것이며, 그분께 나아가 교제한다는 의미입니다. 예수님은 우리 영혼의 갈급함과 배고픔을 주님으로 채우기 원하십니다. 떡을 먹고 배부른 것처럼, 주님은 우리 영혼을 자신으로 충족시키겠다고 약속하셨습니다. 물질적인 것으로는 결코 채울 수 없는 영혼의 갈증과 배고픔을, 생명의 떡이신 예수님이 채워 주겠다고 말씀하십니다. 그러므로 우리의 근원적인 필요와 지속적으로 찾아오는 영적인 배고품을 해결하려면 생명의 떡이신 예수님을 바라보아야 합니다. 힘들다는 생각이 떠오를 때마다 주님을 바라보며 그분께 나아가야 합니다. 하루하루 살면서 영혼의 곤고함과 다양한 배고픔을 해결하기 위해 생명의 떡이신 주님께 나아가야 합니다.

그러면 생명의 떡이신 주님이 바닥난 우리 영혼의 빈 공간을 기꺼이 채우실 것입니다. 주님은 우리 내면의 저장고를 채우시고, 다시 우리 영혼에 힘과 활력을 주시며, 평안과 기쁨까지도 주겠다고 약속하셨습니다. '내 평안을 너희에게 준다'는 말씀처럼 말입니다.

많은 사람이 예수를 믿으면서도 실제로는 죽겠다, 힘들다고 외치는 경우가 많습니다. 그것은 '나는 생명의 떡이다'라고 말씀하신 약속을 믿지 않고 제대로 누리지 못하기 때문입니다. 자신을 생명의 떡으로 말씀하시며 우리의 필요를 채우시는 주님을 삶 속에서 놓치지 마십시오. 그분 없이 사는 배고픔과 불행을 겪지 말고, 그분으로 인한 만족과 배부름을 경험하며 사십시오. 'I am'이라고 말씀하시며 생명의 떡으로 자신을 주시는 주님을 누리십시오.

다시 한번 강조하지만, 생명의 떡 못지않게 중요한 것이 'I am'이라는 선언입니다. 예수님은 "나는 스스로 있는 자"라고 말씀하신 여호와입니다. 그분이 지금도 똑같이 말씀하십니다. "나는 너를 위한 생명의 떡이다." 바로 그 주님이 우리 내면의 모든 필요를 그분 자신으로 채우겠다고 약속하셨습니다.

● 생명의 떡을 먹는 행복

　　　　　　많은 사람이 이 복된 말씀을 지속적으로 받아들이지 못하는 것은 매우 안타까운 일입니다. 그러나 이 말씀이 자신에게 진정한 도움이 되지 않는다면, 다른 어떤 곳에서도 진정한 도움을 얻을 수 없습니다. 오늘날 많은 사람이 이 놀라운 계시의 말씀에서 도움을 얻지 못합니다. 그래서 많은 설교자가 사람들의 기호에 맞추어, 성경에서 빗나간 예언이나 감각적인 경험을 제공해 준다며 사람들을 더 혼란스럽게 합니다.

그러나 다른 무엇으로 채움을 받는다면 그것은 모두 가짜입니다. '나는 생명의 떡이다'라는 말씀을 진정한 복으로 받아야 합니다. 각자 영혼의 필요를 무엇으로 채우고 있는지 돌아보십시오. 예수 그리스도 외에 다른 어떤 것도 답이 될 수 없습니다. 그분을 추상적으로 생각해서는 채움받을 수 없습니다.

우리가 교회에 나오는 이유는 생명의 떡이신 예수님과 관계를 맺고, 그분께 참된 복을 얻기 위함입니다. 그런데 설교를 들으면서 '좋은 얘기네. 또 예수 이야기구만' 하고 무덤덤하게 생각한다면 영적으로 죽은 것과 다름없습니다. 안타깝게도 오늘날 교회 안에 이런 사람들이 있습니다.

예수님의 이야기를 듣고 그것이 자기 삶에 어떤 유익이나 도움이 되지 않는다면 정상적인 신자의 모습이 아닙니다. 특히 예수님을 자기 존재의 근원적인 문제를 해결하시는 분이 아닌, 그저 물질적인 복이나 현실 문제를 해결하시는 분 정도로만 기대하고 있다면, 그것은 진정한 믿음이라고 할 수 없습니다.

예수님을 믿는 신앙은 생명의 떡이신 예수님이 자기의 영혼을 채우시는 분임을 경험하는 것으로 드러나야 합니다. 그럴 때 비로소 진짜 예수를 믿고, 진짜 예수를 알고, 진짜 예수로 인해 부요한 삶을 누리며 살아갈 수 있습니다. 예수님과 하나님에 대한 말씀을 듣고 있으면서도 심령이 무뎌지고 굳어져 있다면 굳은 심령을 기경하십시오. 다시 깨어나야 합니다.

예수님이 'I am'이라고 말씀하시며 '나는 생명의 떡이다'라고 선언하신 여호와 하나님의 음성보다 더 귀하고 기쁜 소식, 더 은혜롭고 복된 말씀은 없습니다. 주님은 이 말씀으로 주린 자들에게 은혜와 유익을 베푸십니다. 그러니 우리를 위해 친히 생명의 떡이 되신 예수님으로 부요한 삶을 누리시길 바랍니다.

빛이신 주님

"예수께서 또 말씀하여 이르시되 나는 세상의 빛이니 나를 따르는 자는 어둠에 다니지 아니하고 생명의 빛을 얻으리라" _요8:12

● 생명의 빛

예수님은 자신을 '세상의 빛'으로 소개하셨습니다. 여기서도 가장 중요한 것은 예수님이 자신을 'I am'으로 선언하셨다는 사실입니다. 이는 예수님이 육신을 입었으나, 동시에 하나님으로서 자신을 선포하셨다는 의미입니다. 우리는 이 사실을 계속해서 염두에 두어야 합니다.

여기서 '빛'은 어떤 의미일까요? 많은 사람이 이것을 신비적이거나 철학적인 의미로 받아들이곤 합니다. 불교나 힌두교처럼 고차원적인 신비의 개념으로 생각하거나 우리를 단순히 계몽시키는 빛으로 이해하기도 합니다. 어떤 사람들은 물질적인 빛이나 감각적인 신비 체험 같은 차원으로 이해하기도 하고, 또 어떤 이들은 지성적이고 철학적인 해석으로 접근하기도 합니다.

전에 성경에서 말하는 빛을 설명하는데, 어떤 사람이 이제 빛이 무엇인지 알겠다고 했습니다. 그런데 알고 보니 그 사람이 이해한 내용은 내가 설명한 의도와 달랐습니다. 그는 빛을 단순히 지성적이고 명확한 뭔가로 생각했습니다. 그러나 예수님이 말씀하신 빛은 그런 철학적이거나 신비적이고 추상적인 것이 아닙니다. 예수님이 "나는 세상의 빛이다"라고 말씀하신 것은 하나님이 우리와 언약 가운데 묶이시고, 우리를 위해 빛 같은 존재가 되겠다고 선언하신 내용입니다.

성경에서 빛을 상징적으로 표현한 데는 분명 영적이고 도덕적인 성격이 있습니다. 그래서 예수님이 자신을 빛으로 말씀하셨을 때는 일차적으로 영적이고 도덕적인 차원에서 그 의미를 생각해야 합니다. 요한복음에서 예수님이 빛으로 묘사된 것을 보면 이 점이 더욱 분명해집니다. 요한복음 1장 4절에는 이렇게 기록되어 있습니다. "그 안에 생명이 있었으니 이 생명은 사람들의 빛이라"(요 1:4). 여기서 예수님은 사람들에게 생명을 주는 빛으로 소개되고 있습니다. 또 요한복음 1장 9-10절에는 "참 빛 곧 세상에 와서 각 사람에게 비추는 빛이 있었나니 그가 세상에 계셨으며 세상은 그로 말미암아 지은 바 되었으되 세상이 그를 알지 못하였고"라고 기록되어 있습니다. 여기서도 예수님은 참 빛으로서 사람들을 비추시지만, 세상은 그 빛을 알아보지 못했다고 말합니다. 요한복음 3장에서는 이렇게 말합니다. "그 정죄는 이것이니 곧 빛이 세상에 왔으되 사람들이 자기 행위가 악하므로 빛보다 어둠을 더 사랑한 것이니라"(요 3:19). 빛이 세상에 왔지만 사람들은 자기 행위가 악하기 때문에 빛보다 오히려 어둠을 더 사랑하게 되었다는 것입니다. 그 이유는 빛이 비칠 때 자기의 악한 행위가 드러나기 때문입니다. 그래서 사람들은 빛을 피하고 오히려 어둠을 더 사랑하게 되었다고 말합니다. 이와 같이 요한복음 앞부분에서 예수님은 빛으로 여러 번 묘사되고 있습니다.

● 세상의 어둠

반면, 요한복음 8장 12절에서 예수님은 직접 '에고 에이미'라는 말로써 "나는 세상의 빛이다"라고 선언하셨습니다. 여기서 예수님은 단순히 묘사되지 않고, 자신이 직접 세상의 빛이라고 말씀하셨습니다.

요한복음 1장에서 빛의 개념은 주로 어둠과 연관되어 있습니다. 이 빛은 어둠을 비추는 역할을 합니다. 그런데 단순히 어둠만 비추는 것이 아니라 사람들을 생명으로 이끕니다. 따라서 예수님이 자신을 빛이라고 말씀하신 것은 단순한 상징적 표현이 아니라, 자신이 어둠을 비추고 생명으로 이끄는 존재로서 영적이고 도덕적인 의미를 담고 있는 것입니다. 어둠 역시 영적이고 도덕적인 의미가 있기에, 빛도 같은 맥락에서 생각해야 합니다.

　예수님은 세상의 어둠을 비추시며, 어둠 가운데 있는 사람들을 생명으로 인도하십니다. 그래서 빛은 일차적으로 참지식을 의미합니다. 성경에서 빛은 일반적으로 참지식, 참거룩, 참행복 같은 상징적인 의미로 사용됩니다. 반면, 어둠은 영적 무지, 곧 죄와 부패, 고통과 불행을 의미합니다. 여기에는 마음과 정신적인 상태 심지어 육체적인 상태까지도 포함될 수 있습니다. 다시 말해, 죄로 인해 마음이 굳어지고 영적 무지 가운데 있으며, 마음속에 혼란과 불안, 두려움이 있는 상태를 모두 망라해 어둠이라고 말할 수 있습니다. 이런 어둠은 세상의 상태를 두고 하는 말입니다. 예수님이 오시기 전의 세상이 바로 이런 상태였습니다. 영적으로 무지하고 도덕적으로는 죄와 부패와 타락이 가득했으며, 죄로 인해 온갖 불행과 고통이 만연했습니다. 더 나아가 세상에 속한 인간의 영혼과 마음 상태도 그러했습니다.

　이런 내용은 다른 종교에서는 찾아볼 수 없습니다. 다른 종교에는 도덕적이고 숭고한 가르침이나 육체적 정신적 신비 체험은 있을 수 있지만, 영적이고 도덕적인 상태를 명확하게 밝혀 주고 이해시키는 메시지는 없습니다. 이를 이단이 비슷하게 모방할 수는 있겠지만, 그것은 본질에서 다릅니다.

　요한복음 1장은 어둠을 세상의 상태이자 인간의 영적 상태로 말하고 있습니다. "참 빛 곧 세상에 와서 각 사람에게 비추는 빛이 있었나니 … 세상이 그를 알지 못하였고"(요 1:9-10). 이는 영적 무지를 의미합니다. 또 요한복음 3장 19절은 말합니다. "빛이 세상에 왔으되 사람들이 자기 행위가 악하므로 빛보다 어둠을 더 사랑한 것이니라." 이는 빛의 도덕적인 성격을 말합니다. 예수님은 빛으로 오셨지만 세상은 그 빛을 거부하고 오히려 어둠을 더 사랑했습니다. 요한복음 8장 12절에서도 "나는 세상의 빛이니 나를 따르는 자는 어둠에 다니지 아니하고 생명의 빛을 얻으리라"고 말씀하시며 자신을 세상의 빛으로, 세상과의 관계 속에서 이 빛을 설명하고 있습니다. 예수님이 자신을 빛으로 말씀하실 때, 일차적으로는 영적이고 도덕적으로 어두워져 있는 세상과 인간의 영혼을 비추어 생명으로 나아가게 하는 것을 뜻합니다.

● 영적 어둠

성경의 시각으로 볼 때, 이 세상은 영적으로 무지하고 도덕적으로 타락한 상태에 있습니다. 이 상태는 단순히 세상의 문제로 그치지 않고 인간에게도 동일하게 나타납니다. 인간은 태어나면서부터 영적으로 어두운 존재이며, 이 어둠은 살아가면서 곧바로 도덕적인 타락으로 드러납니다. 어린아이든 어른이든 모두 예외가 없습니다. 인간은 본질적으로 영적인 어둠 속에서 태어나며, 그 상태에서 벗어날 힘이 없습니다. 그래서 인간은 이 같은 어둠 속에서 참된 지식을 알지 못합니다. 참된 생명은 물론이고 그 생명을 얻는 길조차 알지 못하며, 그 길로 나아가는 방법도 모릅니다. 하나님을 아는 지식은 인간의 힘으로는 결코 도달할 수 없는 영역입니다. 세상은 그저 무지와 죄악, 도덕적 어둠 속에 갇혀 있을 뿐입니다.

오래전 노회 임원 수련회에서 있었던 일입니다. 숙소에서 잠시 쉬면서 TV를 보았습니다. 채널을 돌리는데 '여호와 하나님'이라는 단어가 들렸습니다. 놀랍게도 불교방송이었습니다. 화면을 보니 한 주지 스님이 법당 같은 공간에서 약 150명 정도 되는 젊은 여성들에게 무엇인가 설명하고 있었습니다. 그들은 유인물을 받고 스님의 강의를 듣고 있었습니다. 그런데 그 내용이 기독교의 우주관, 특히 창세기 1장부터 3장에 대한 이야기였습니다. 그 스님은 창세기 1장부터 3장의 내용을 지속적으로 조롱했습니다. 여호와 하나님이라는 존재는 우습고 말도 안 된다는 말을 반복하더니, 결국 성경의 모든 내용이 이스라엘 사람들의 신화에 불과하다고 결론을 내렸습니다. 그 스님은 논리도 부족했고, 성경 해석의 기준도 알지 못했습니다. 참고했다는 책도 대부분 성경을 부정적으로 해석하며, 창세기 내용이 신화적이라고 주장하는 사람들의 글이었습니다. 성경은 이러한 태도와 상태를 단 한 마디로 정의합니다. 바로 '어둠'입니다. 영적으로 어둡다는 것입니다. 이런 모습은 결국 빛이신 예수 그리스도의 필요성과 인간이 처한 실존적 상태를 보여 주는 증거입니다.

● 어둠 속을 더듬으며 헤매는 인생

불교에서는 '나를 찾아 떠나는 여행'이라는 주제를 자주 이야기합니다. 절에 가보면 외국인에 이르기까지 다양한 사람들이 '나'를 발견하는 여행에 참여하는 모습을 볼 수 있습니다. 그만큼 인간 존재는 복잡하며, 스스로 자신을 발견하는 데 10년, 20년, 심지어 평생을 바칩니다. 힌두교도 마찬가지입니다.

그러나 성경의 관점에서 볼 때, 이 모든 노력은 영적으로 어두운 상태에서 행하는 인간의 가련한 몸부림입니다. 자신을 발견하고자 하는 이러한 노력은 결국 무지에서 비롯됩니다. 그들은 하나님을 보지 못하는 영적 어둠 속에 있기 때문에, 이러한 한계를 벗어나지 못하고 결론 없는 추구를 이어갈 뿐입니다. 이는 마치 어둠 속에서 벽을 더듬으며 헤매는 것과 같습니다. 성경은 이러한 상태를 '어둠'이라고 표현합니다.

성경에 따르면, 인간이 어둠 속에서 더듬는 행위는 크게 두 가지입니다. 하나는 자기 자신을 추구하는 것이고, 다른 하나는 이상한 신을 추구하는 것입니다. 그러나 결론은 하나입니다. 이런 행위는 결국 인간에게 빛이신 예수 그리스도가 절실히 필요하다는 것을 반증합니다. 그들이 인정하든 인정하지 않든 그들의 끝없는 자아 탐구와 종교적 시도는 결국 그런 영혼을 빛으로 인도하시는 예수 그리스도의 필요를 강하게 증거하고 있습니다.

이 세상과 인간은 모두 참된 지식, 즉 죄에서 해방되어 참생명을 얻기 위한 해답이 필요합니다. 그리고 그 해답을 알지 못하는 상태를 성경은 '어둠'이라고 말합니다. 그런데 인간은 스스로 노력해서는 이 어둠에서 벗어날 수 없습니다. 반드시 빛이신 예수 그리스도를 만나야 합니다. 빛이신 예수 그리스도를 통해 자신의 영적 도덕적 필요를 해결하지 못한다면 결국 어둠 속에서 방황할 수밖에 없습니다. 종교적인 방식을 취하든, 철학적인 탐구를 하든, 심신 수련을 하든, 죄악 된 자신을 구원할 참된 지식과 생명의 길을 발견하지 못한 채 어둠 속에서 방황하는 삶을 살게 될 것입니다.

물론 심신 수련이나 명상 등을 통해 자신의 욕심과 본성을 일시적으로 통제하고 진정시킬 수 있을지는 모릅니다. 그러나 그 안에서 끊임없이 솟아나는 죄는 해결할 수 없습니다. 생각과 마음으로 짓는 죄, 끊임없이 일어나는 욕심뿐 아니라 이미 범한 죄들로 인한 사망과 형벌의 문제를 해결할 수 없기 때문입니다. 결국 빛이 비치기 전까지는 이러한 상태를 알고 직시하지도 벗어나지도 못합니다.

이 문제는 단순히 종교적인 편견이나 주장으로 논할 것이 아닙니다. 진리가 무엇인지 명확하게 보고 논해야 합니다. 성경은 그 진리를 선포하고 있습니다. 예수 그리스도가 빛이므로 그를 믿을 때 어둠에서 벗어나고, 그분을 통해 죄와 죽음의 문제에서 해방되고 참생명을 얻게 됩니다.

● 어둠을 뚫고 들어오신 빛

　　　　　　진리가 여기도 있고 저기도 있다면 그것은 진리가 아닙니다. 오늘날 포스트모더니즘의 영향으로 사람들이 모든 것을 상대화하지만, 진리는 유일하고 절대적입니다. 이 진리를 아는 참된 지식은 단순히 심신을 수련하거나 고도의 명상으로 얻을 수 없습니다. 참지식은 우리의 모든 죄와 어둠의 상태를 해결하실 수 있는 하나님, 진리이신 예수 그리스도(요 14:6)를 앎으로써 얻을 수 있습니다. 그렇지 않고서는 누구도 참지식을 가질 수 없고 참된 생명을 이야기할 수도 없습니다. 불교 방식으로 자기의 참된 모습을 발견한다고 해도, 그것은 여전히 상대적이고 주관적인 것에 불과합니다. 절대적인 기준 없이 각자가 주관적 경험 속에서 열반에 들어가고, 각자가 부처가 된다고 말하는 것입니다. 그래서 우리에게는 인간 실존의 부패함을 완전히 드러내고 밝혀 줄 절대적인 빛이 필요합니다. 그 빛이 바로 예수 그리스도입니다. 예수님이 "나는 세상의 빛이다"라고 말씀하신 이유가 바로 여기 있습니다.

　인간이 아무리 노력해도 해결되지 않는 죄가 있습니다. 그 죄의 결과로 고통과 심판이 주어지기 때문에, 예수 그리스도와 하나님을 알기 전까지는 근본적인 해결이 불가능합니다. 죄와 그 결과는 잊어버린다고 없어지는 것이 아닙니다. 아무리 망각이나 심신 수련의 다양한 기법을 활용해도, 죄와 그로 인해 생겨나는 결과는 인간이 스스로 처리할 수 없습니다. 죄는 반드시 그에 상응하는 대가를 요구하는데, 인간은 그것을 해결할 능력이 없기 때문입니다.

그런데 이런 상태에 있는 인간이 구원받을 길이 있다고 성경은 말합니다. 이는 절망적인 어둠에 있는 인간에게 놀라운 소식이 아닐 수 없습니다. 예수님이 "나는 세상의 빛이다"라고 말씀하신 것이 바로 그 의미입니다. 이는 예수님이 죄와 그 결과로 어둠 속에 있는 우리를 비추시고, 그 어둠에서 벗어나게 하신다는 말씀입니다. 즉, 예수님은 우리의 죄와 그 결과를 해결하심으로써, 영적 도덕적으로 어두운 상태에서 우리를 구원하시는 분입니다.

앞서 말했듯, 불교에서는 자기를 발견하고 찾는 수행을 말하지만, 죄와 욕심에서 벗어나는 문제를 여전히 해결하지 못합니다. 마음에 죄가 생기고, 그 죄는 여전히 해결되지 않은 채 남아 있기 때문입니다. 죄와 그 결과를 해결해야 진정한 자유와 생명을 얻을 수 있는데, 인간은 스스로 이 어둠에서 벗어날 길이 없습니다. 그래서 이것을 해결할 길이 있다는 것은 그야말로 가장 놀라운 소식이 아닐 수 없습니다. 그런 점에서 "나는 세상의 빛이다"라는 말씀은 바로 이 길을 열어주는 분이 누구인지를 증언하는 것입니다.

예수님은 어둠 속에 있는 우리를 비추어 그 상태에서 벗어나게 하시며, 죄와 그 결과를 해결하십니다. 이것은 예수님이 우리를 위해 십자가에서 죽으심으로써 이루신 일입니다. 우리 대신 죄의 대가를 치르시고, 우리가 받아야 할 형벌을 대신 짊어지심으로써, 우리를 죄와 어둠에서 자유케 하신 것입니다. 이처럼 예수님이 우리를 위한 빛으로 자신을 말씀하신 것은, 영적 도덕적으로 어두운 상태에 있는 우리의 근본적인 필요를 채워주기 위함입니다.

● 생명과 거룩한 삶으로 이끄는 빛

요한복음 8장 12절 하반절에서 예수님은 자신을 '생명의 빛'이라고 말씀하십니다. 이 표현은 단순히 상징적인 의미의 빛을 넘어 생명과 연결된 빛임을 보여 줍니다. 즉, 예수님이 말씀하신 빛은 죄에서 구원받아 생명에 이르도록 비추는 빛이며, 계속해서 생명의 길을 걷도록 인도하는 빛입니다.

또 이 빛은 도덕적으로 어두운 상태를 비추어 그 어둠에서 벗어나 거룩한 길로 나아가게 하는 빛이기도 합니다. 예수님이 자신을 빛으로 말씀하신 데는 이런 거룩의 의미가 담겨 있습니다. 그래서 예수님의 빛이 우리를 비출 때, 우리는 자신이 도덕적으로 얼마나 타락하고 부패했는지 깨닫게 됩니다.

이 빛에 담겨 있는 거룩의 의미는 12절 이전의 내용과도 연결됩니다. 요한복음 8장 1-11절에는 간음하다 현장에서 잡힌 여인의 이야기가 나옵니다. 그 상황에서 바리새인들과 서기관들이 등장합니다. 영적으로 어두운 마음을 가진 그들은 예수님을 시험하고자 했습니다. 그들은 예수님의 흠을 잡기 위해 간음한 여인의 죄에 대해 판단을 요구했지만, 예수님은 그들의 어두운 마음과 죄로 가득한 상태를 드러내셨습니다. 그러면서도 그 여인을 단순히 용서하는 데 그치지 않으시고, "다시는 죄를 범하지 말라"(요 8:11)고 말씀하심으로써 하나님의 거룩과 의를 분명하게 드러내셨습니다. 이렇게 예수님은 자기가 거룩한 존재임을 나타내셨습니다.

사도 요한은 이 사실을 요한일서 1장 5절에서 이렇게 표현합니다. "하나님은 빛이시라." 예수님이 자신을 빛이라고 말씀하신 것은 결국 거룩하신 하나님과 자신을 동일시하신 것입니다. 하나님은 빛이시며, 그 빛은 죄와 어둠을 밝히 드러내는 거룩의 빛입니다.

이것이 바로 참되게 회심하는 과정에서 많은 사람이 공통적으로 경험하는 것입니다. 바로 거룩하신 하나님 앞에서 자신의 죄악된 모습을 보게 되는 것입니다. 빛 되신 예수님을 만나면 그분의 빛이 우리의 어두운 내면을 비추어, 자기가 얼마나 부패한 죄인인지 깨닫게 됩니다. 그동안 의롭다고 생각했고 똑똑하고 괜찮은 사람이라고 믿었던 자신이, 사실은 엄청나게 더럽고 죄악 된 존재임을 보게 되는 것입니다. '아, 내가 심히 죄인이구나. 지금까지 어둠 가운데 있었구나'라고 절감하는 것입니다. 만약 이런 자각이 없다면, 진실로 주님을 구주로 믿었는지 의심해 보아야 합니다. 예수님의 빛이 비쳐 자기의 죄를 보고 돌이키지 않았다면, 그 사람은 여전히 어둠 가운데 있는 것입니다. 그런데 오늘날 교회 안에는 이런 사람들이 있습니다. 자신이 죄인인지도 모르고, 오히려 의인인 것처럼 착각하며 신앙생활하는 사람들 말입니다. 그러나 스스로 의롭다고 여기고 자기중심적으로 살아가는 모습은 예수님의 빛을 경험하지 못했음을 스스로 말하는 것입니다.

예수님의 빛은 우리의 죄와 어둠을 드러내는 데서 끝나지 않습니다. 예수님이 자신을 빛으로 말씀하신 의미는 영적 도덕적 어둠을 넘어 더욱 깊고 넓은 뜻을 담고 있습니다. 우리의 삶 속에서, 특히 예수 그리스도를 믿는 우리의 인생 여정에서 생명의 길로 인도하신다는 의미도 내포하고 있습니다.

살다 보면 갈 바를 알지 못하거나 다양한 상황과 현실 앞에서 어떻게 해야 할지 모를 때가 있습니다. 그 순간 예수님은 우리의 길을 비춰 주십니다. 지혜를 주시고, 깨닫게 하시며, 감동을 주셔서, 우리를 인도하십니다. 또 예수님은 삶 속에 생기는 불안과 절망, 좌절과 슬픔 같은 마음의 어둠을 비추어 없애 주십니다. 이것이 바로 "나는 세상의 빛이다"라는 말씀에 담겨 있는 또 다른 중요한 의미입니다.

이처럼 예수님은 영적으로나 도덕적으로 어두운 상태에 있는 우리를 깨우쳐 생명의 길로 나아가게 하실 뿐 아니라, 삶의 전 여정 속에서 항상 길을 밝히시며 인도하십니다. 우리 마음에 어둠의 그림자가 드리울 때도 그 상태에서 벗어나 여전히 주님을 따라갈 수 있도록 도와주십니다. "나는 세상의 빛이다"라는 말씀에서 빛은 이러한 세 가지 의미를 담고 있습니다.

● 생명의 길을 찾게 하고, 생명의 길을 걷게 하는 빛

그런데 여기서 한 가지 질문이 생길 수 있습니다. 예수님이 "나는 너희를 위한 빛이다"가 아닌 "나는 세상의 빛이다"라고 하셨다는 사실입니다. 물론 예수님은 어두운 세상 전체를 비추어 생명의 길을 제시하는 빛이라는 점에서, 여기서 말하는 세상은 보편적인 의미를 담고 있습니다.

그러나 사실 빛의 혜택을 실제로 받는 사람은 빛 되신 예수님을 따르는 자들입니다. "나를 따르는 자는 어둠에 다니지 아니하고 생명의 빛을 얻으리라." 결국 예수님이 "나는 세상의 빛이다"라고 말씀하신 것은, 그를 믿고 따르는 자들을 위해 자신이 빛 되심을 선언하신 것입니다. 물론 예수님이 오신 것 자체가 세상 전체를 비추는 빛의 역할을 하지만, 그 빛의 실제적인 혜택은 그를 믿고 따르는 자들에게 주어진다는 것입니다.

그래서 예수님을 믿고 따르는 자들에게 그 빛은 단순히 영적이고 도덕적으로 일깨워 주는 것에 그치지 않고, 일상에서 갈 길을 인도하며 마음속의 어둠까지도 비추어 주는 빛이 됩니다. 그렇게 우리가 생명의 길을 지속적으로 걸어갈 수 있도록 도와주시는 것입니다. 따라서 예수님이 "나는 세상의 빛이다"라고 말씀하신 것은 우리의 구원과 그 구원의 여정, 곧 매일의 삶에서 마음의 어둠을 비추어 제거하시고, 생명의 길로 끝까지 나아갈 수 있도록 하시겠다는 선언입니다.

우리 중에 이런 빛이 필요 없는 사람은 없습니다. 모든 인간은 생명으로 인도하는 빛이 필요합니다. 또 매일 생명의 길을 걷기 위해서도 이 빛은 필요합니다. 물론 이 필요를 무시하는 사람이 있을 수 있지만, 참된 생명이 필요 없는 사람은 아무도 없습니다. 모든 생명체가 빛 없이 살 수 없듯, 영혼을 가진 인간도 빛 되신 예수 그리스도 없이는 영혼의 생명을 얻거나 유지할 수 없습니다.

예수님은 자신을 믿는 자에게 이렇게 말씀하십니다. "나는 너를 위한 빛이다." 이는 우리가 앞으로 살아가며 처하게 될 하루하루의 상황과 현실 속에서도 우리의 빛이 되어 주시겠다는 약속입니다. 마음의 어둠까지도 비추어 빛 되신 주님으로 채우며 살아갈 수 있도록 하시겠다는 말씀입니다.

이는 구원과 관련해서도 마찬가지입니다. 구원의 길을 걷는 여정에서도 빛 되신 예수 그리스도 없이는 바른 길을 갈 수 없습니다. 그러므로 우리의 정서 속에 어둠의 그림자가 드리울 때마다 빛 되신 주님을 바라보아야 합니다. 그때 주님이 가장 안전한 길로 인도하시는 것을 경험하게 됩니다.

- **빛 되신 주님이 우리와 함께하시면**

빛은 우리 앞을 선명하게 비추어 줍니다. 아무리 어두워도 빛이 비치면 모든 것이 보입니다. 우리가 빛 되신 예수님께 의탁하면, 주님은 우리가 갈 길을 분명히 밝히시고 그 길로 인도하십니다. 그러니 어두운 마음 상태를 고집해서는 안 됩니다. 빛 되신 주님께 자기 자신을 온전히 의탁해야 합니다. 매일 어두운 삶의 환경과 마음 상태를 비추어 인도하실 주님을 바라보며, 그분께 자신을 맡겨야 합니다. 그러면 빛으로서 우리를 인도하시고, "나를 따르는 자는 어둠에 다니지 아니하고"라는 말씀처럼 우리는 어둠 가운데 다니지 않을 것입니다.

우리가 이 세상에서 빛 없이 살 수 없듯, 우리 영혼 또한 빛 되신 그리스도 없이는 구원의 여정과 생명의 길을 갈 수 없음을 기억해야 합니다. 빛 되신 주님을 우리의 삶에서 적용하는 문제에 대해 알란 미난은 다음과 같이 말했습니다.

> 예수님이 나는 세상의 빛이라고 하셨을 때 (중략) 이 말씀은 우리가 살고 있는 이 시대에 적용된다. 그러나 진정한 의미에서 이 말씀은 우리를 좀 먹고 있는 인생의 아픔과 시련의 어두운 밤을 향해 주신 말씀이기도 하다. 이 말씀은 우리가 살기 위해 몸부림치는 인생의 좁은 길에서 우리가 겪는 슬픔과 절망을 향해 외친다. 이 말씀은 우리의 깊은 영혼의 밤을 향한 메시지다. 우리의 생동하던 믿음이 기울어질 때 나는 세상의 빛이라는 예수님의 말씀을 다시 들어야 한다.

여러 문제가 우리를 옥죄고 우리의 영혼을 짓누른다. 사업에 실패할 수 있고 건강이 나빠질 수 있다. 부푼 가슴으로 내일의 행복을 기대하던 사랑이 깨어지기도 하고 가정이 파괴된다. 가족이 죽고 가까운 사람들이 결별한다. 이럴 때 우리는 홀로 어둠의 긴 터널을 걷는 듯한 고립감을 느낀다. 믿음은 일식처럼 가려진다. 극심한 고통의 어둠 속에서 우리가 가진 믿음의 근원까지 우리는 의심한다. 우리는 이런 상황에서 더 이상 다른 사람들과 함께 사도신경을 고백할 수 없다. '전능하사 천지를 만드신 하나님 아버지를 내가 믿사오며, 그 외아들 우리 주 예수 그리스도를 믿사오니…'

날이 새면 어둠이 내 영혼을 다시 휘덮기 시작한다. 새날은 어둠이 내 몸에서 남긴 것들을 더 뜯어내는 시간이다. 다른 성도들의 할렐루야가 내 신경을 자극한다. 교회의 봉사나 의식이 성가시다. 그런 시점에서 우리는 잠자리에 조용히 누워 중얼거린다. '주님, 저는 더이상 무엇이 무엇인지 분간할 수 없어요! 저는 이제 아무것도 믿어지지 않아요! 저는 더 이상 지탱할 수 없어요!'

이때 우리는 기억해야 한다. 그런 무서운 어둠은 각 시대의 성도들이 경험해 온 것이다. 그러나 그들은 예수님이 그 옛날 성전 뜰에서 극심한 어둠 가운데 있던 당시 이스라엘 백성에게 외쳤던 말씀이 그들의 귀에 메아리치며 속삭이고 있음을 들을 수 있었다. "나는 세상의 빛이니 나를 따르는 자는 어둠에 다니지 아니하고 생명의 빛을 얻으리라"(요 8:12).[03]

---

03 같은 책, pp.43-44.

그리고 그는 계속해서 말합니다.

　이 세상의 빛인 예수 그리스도의 복음은, 감히 아무도 들어가려 하지 않고 누구도 환영하지 않는 우리 삶의 캄캄한 심연 속으로 예수님이 빛을 비추실 수 있다고 말한다. 당신은 자신의 삶 속에 있는 그 어두운 구석이 무엇이라는 것을 알고 있다. 그 깊고 은밀한 장소에 이 세상의 빛이 비치면 어둠은 달아난다.
　당신은 오늘 무거운 죄에 눌려 있는가? 당신은 하나님의 영광의 수준에 미달되었는가? 아마 당신은 예수 그리스도와 함께 이 순례의 길을 시도해 보았을지 모른다. 당신은 결단의 시간에 예수님을 산이든 강이든 사막이든 어디든지 따르겠다고 서원하며 자신을 주께 바쳤을지 모른다. 그런데 당신은 여지없이 넘어져서 얼굴을 땅에 떨어뜨렸을지 모른다. 당신의 몸은 진흙에 덮이고 당신의 무릎에서는 피가 흐른다. 당신은 스스로 자신에게 말한다. '내 죄가 너무 크다. 나는 더 이상 교인으로서 살 수가 없다. 나는 크리스천으로서 실패했다. 내게 무슨 희망이 있는가? 나는 안 된다.'
　나는 예수 그리스도의 이름으로 당신을 격려한다. 예수 그리스도는 '나는 세상의 빛'이라고 하신 분이기 때문이다. 당신이 그를 따르면 어둠 속에서 다니지 않는다. (중략)
　당신이 만일 크게 넘어지고 크리스천의 순례에 실패했다는 자책에 눌려 있다면, 나는 세상의 빛이라고 말씀하시는 예수님으로 당신을 격려한다. 이 세상의 빛은 기꺼이 당신의 어둠 속을 새롭게 비추어 정화의 효력을 내길 기다리신다. 이 세상의 빛은 당신의 죄 짐과 실패의 설움을 내려놓게 할 모든 준비가 되어 있다.

이제 마지막으로 나누고 싶은 한 가지 이야기가 있다. 여러 사람에게 또 다른 어둠이 있다. 그것은 우리가 다른 사람에게 꺼내기를 주저하는 것으로서 우리의 마음을 무겁게 하는 것이다. (중략) 어떤 이들은 아예 죽음 자체가 존재하지도 않는 것처럼 생각하고 산다. 장의사는 관 속에 누운 죽은 자들이 마치 살아 있기라도 한 것처럼 보이게 하려고 애쓴다. 사람들은 죽음의 실체를 덜 느끼게 하려고 무던히 노력한다.

그러나 예수님은 죽음의 어둠을 향해서도 주실 말씀이 있다. 성경은 죽음을 최대 최후의 원수라고 부른다. 죽음의 어둠은 우리 모두 제각기 홀로 들어가야 하는 관문이다. 죽음은 온갖 애수와 고독과 암흑으로 채워져 있다. 그러나 "나는 세상의 빛이라"는 은혜로운 말씀이 죽음의 어둠에 대해서도 주는 메시지가 있다. 하나님의 빛은 죽음에도 비친다. 그리스도의 부활은 사망을 깨뜨렸다. 그리스도의 복된 임재가 어둠을 빛으로 바꾸었다.

나는 아내를 잃은 어느 남자의 어린 딸에 대한 이야기를 좋아한다. 이 딸은 매일 밤 자기 방으로 들어오는 아빠에게 우리가 어릴 적에 늘 사용해 보아서 아는 똑같은 인사말을 하였다. 어린 딸은 침대에 누워 자기 아빠의 얼굴을 바라보며 말했다. "아빠, 굿나잇! 아침에 만나요."

어느 날 이 어린 딸이 몹쓸 병에 걸렸다. 몸이 점점 쇠약해졌다. 의사는 아이가 불치병이라고 했다. 어린 딸은 죽어가고 있었다. 죽기 전날 밤, 병상에 누운 딸아이가 다시 아빠의 눈을 바라보며 말했다. "아빠, 굿나잇! 아침에 만나요."(중략)

우리의 차례가 오면(이것은 분명히 올 것이다), "나는 세상의 빛이라"고 하신 말씀을 기억하길 바란다. 예수님은 죽음의 어둠 속으로 빛을 비추실 것이라고 약속하셨다. 그러므로 당신은 죽음의 어둠에서 전혀 두려워할 것이 없다.[04]

삶에는 죽음까지 포함한 다양한 어둠의 문제가 있습니다. 참된 지식을 알지 못하는 영적인 어둠에서부터 우리의 죄악 된 실체를 보지 못하는 도덕적인 어둠, 그리고 하루하루 살면서 느끼는 감정적인 어둠, 나아가 죽음의 어둠까지 존재합니다. 예수님이 "나는 빛이다"라고 말씀하실 때, 그분은 이 모든 것을 비추는 빛으로 말씀하신 것입니다. 이 말씀은 그분을 믿는 자들의 삶뿐 아니라 죽음의 순간까지도 빛을 비추어 인도하시겠다는 약속입니다.

이처럼 빛 되신 예수님은 우리에게 절실하고 절대적으로 필요한 분입니다. 그러므로 감정적으로 어려울 때나 갈 길을 알지 못하고 헤맬 때, 심지어 죽음의 순간에도 우리는 예수님을 바라보아야

---

04 같은 책, pp.46-50.

합니다. 우리는 그분의 인도 아래서 안전하며, 궁극적으로 부활의 주님과 같이 부활로 이어질 것입니다. 이 기이하고도 놀라운 복, 곧 "나는 너를 위한 빛이다"라고 말씀하신 이 'I am'의 복된 말씀을 깊이 새기십시오. 죽음의 순간까지도 말입니다. 이 말씀을 자신의 것으로 삼고, 빛 되신 주님께서 매일의 삶뿐 아니라 죽음의 순간까지도 인도하시는 것을 꼭 경험하십시오.

양의 문이신 주님

"내가 진실로 진실로 너희에게 이르노니 문을 통하여 양의 우리에 들어가지 아니하고 다른 데로 넘어가는 자는 절도며 강도요 문으로 들어가는 이는 양의 목자라 문지기는 그를 위하여 문을 열고 양은 그의 음성을 듣나니 그가 자기 양의 이름을 각각 불러 인도하여 내느니라 자기 양을 다 내놓은 후에 앞서 가면 양들이 그의 음성을 아는 고로 따라오되 타인의 음성은 알지 못하는 고로 타인을 따르지 아니하고 도리어 도망하느니라 예수께서 이 비유로 그들에게 말씀하셨으나 그들은 그가 하신 말씀이 무엇인지 알지 못하니라 그러므로 예수께서 다시 이르시되 내가 진실로 진실로 너희에게 말하노니 나는 양의 문이라 나보다 먼저 온 자는 다 절도요 강도니 양들이 듣지 아니하였느니라 내가 문이니 누구든지 나로 말미암아 들어가면 구원을 받고 또는 들어가며 나오며 꼴을 얻으리라 도둑이 오는 것은 도둑질하고 죽이고 멸망시키려는 것뿐이요 내가 온 것은 양으로 생명을 얻게 하고 더 풍성히 얻게 하려는 것이라" _요 10:1-10

● 친히 문이 되시는 목자

예수님께서 'I am' 후에 덧붙이신 세 번째 내용을 살펴보겠습니다. 예수님은 "나는 문이다"라고 말씀하십니다. 이 표현을 들으면 '문? 이게 무슨 뜻이지? 좀 이상한데?'라고 생각할 수도 있습니다. 그런데 예수님이 자신을 문으로 비유하신 말씀은 매우 복되고 은혜로운 메시지를 담고 있습니다. 이 말씀을 제대로 이해하려면 먼저 예수님 당시의 배경과 양의 문이라는 개념을 살펴보아야 합니다.

여기서 예수님이 말씀하신 문은 양을 안전하게 들여놓는 양 우리의 문을 가리킵니다. 예수님 당시 유대인들은 낮에는 목초지에 양을 풀어놓고 풀을 뜯게 했고, 밤이 되면 안전을 위해 양 우리로 들여놓았습니다. 이때 사용한 양 우리에는 크게 두 가지 형태가 있습니다. 하나는 마을 공동체가 함께 운영하는 양 우리입니다. 이런 양 우리는 마을 가까이에 위치하며, 높은 울타리와 튼튼한 문을 갖추고 있습니다. 문에는 문지기가 배치되어, 각 목자가 양을 데리러 올 때 문지기가 문을 열어주는 방식으로 운영되었습니다. 이때 각 목자는 자기 양을 알아보고, 양도 목자의 목소리에 익숙했기에 따라 나오는 구조였습니다.

다른 하나는 이동 중에 사용하는 임시 양 우리입니다. 목자들은 목초지를 찾아다니며 이동해야 했는데, 저녁에 머물 곳을 정하고 들판이나 자연적인 환경을 이용해 임시로 양 우리를 만들었습니다. 돌이나 나뭇가지 등을 사용해 울타리를 만들고, 입구를 좁게 남겨둔 뒤 양을 그 안으로 들여놓습니다. 문제는 이런 임시 양 우리는 문을 따로 만들 여유가 없다는 것입니다. 그래서 목자는 밤이 되면 입구에 누워 잠을 자며 문 역할을 했습니다. 목자가 입구를 막고 누위 있으면 들짐승이나 도둑이 들어오지 못해 양떼를 안전하게 보호할 수 있었습니다.

예수님이 "나는 문이다"라고 말씀하신 것은 바로 두 번째 형태의 양 우리에서 나온 것입니다. 목자가 직접 문이 되어 양을 지키는 모습은 예수님이 우리를 위해 생명과 안전을 보장해 주는 분임을 상징합니다. 양 우리 안에 있는 양은 목자가 문이 되어줌으로써 외부의 위험에서 보호받고 평안히 쉴 수 있습니다. 또 목자의 존재는 단순히 현재의 안전을 보장할 뿐 아니라, 내일의 생명까지도 보증하는 역할을 합니다.

예수님이 이 배경을 바탕으로 "나는 문이다"라고 말씀하신 것은 단순한 상징적인 의미가 아닙니다. 요한복음 10장 9절에서 예수님은 자신이 양들이 드나드는 문임을 선언하셨습니다. 여기서 중요한 것은 문이 무엇을 뜻하는지, 울타리는 무엇을 상징하는지 같은 세부적인 사항이 아닙니다. 핵심은 예수님이 자신을 문으로 비유하시며, 우리의 생명과 안전을 보장하시는 분임을 강조하는 데 있습니다.

● 나는 '유일한 그 문'이다!

예수님이 자신을 문이라고 말씀하신 것은 구체적으로 어떤 의미가 있을까요? 이에 대해 몇 가지로 설명할 수 있습니다. 예수님이 자신을 문이라고 말씀하셨을 때 가장 중요한 것은, 그 문이 구원과 관련된 문이라는 점입니다. 예수님은 "내가 문이니 누구든지 나로 말미암아 들어가면 구원을 받고…"(9절)라고 말씀하셨습니다. 이 말씀은 예수님 자신이 하나님께 이르는 문임을 나타냅니다. 헬라어 성경은 '그 문'(the door)이라고 명시하며, 예수님이 단순히 여러 문 중 하나가 아니라, 하나님께 나아가는 유일한 문임을 강조하고 있습니다. 이는 다른 어떤 길이나 방법이 아니라 오직 예수님을 통해서만 하나님께 이른다는 뜻입니다.

아담의 타락 이후, 인간은 죄로 인해 하나님과 단절되었습니다. 마치 높은 담이 인간을 둘러싼 것처럼, 죄는 인간이 스스로 하나님께 나아갈 수 없게 만들었습니다. 그러나 예수님은 자신이 그 문, 즉 하나님께 나아가는 유일한 통로라고 선언하셨습니다. 누구든지 예수님을 통해서만 하나님께 이를 수 있음을 밝히신 것입니다. 예수님의 이 선언은 하나님과의 단절된 관계를 회복하기 위한 유일한 길을 제시한 것입니다. 죄 문제를 해결하지 않고는 하나님께 나아갈 수 없고, 참된 구원을 얻을 수 없기에 예수님은 자신을 유일한 문이라고 말씀하셨습니다.

이러한 선언은 오늘날 많은 반발을 불러일으킵니다. 불과 몇십 년 전만 해도 비교적 자연스럽게 받아들여졌으나, 오늘날에는 독선적이라는 비판이 일곤 합니다. 심지어 기독교 내부에서도 지나치게 배타적이라며 비난하는 목소리가 나오기도 합니다. 현대 사회에서 예수님만이 '유일한 문'이라는 주장이 독선적이고 편협하다는 비판을 받는 것은, 포스트모더니즘과 다원주의의 영향으로 모든 길과 진리가 동등하게 존중받아야 한다는 생각이 만연하기 때문입니다.

그러나 예수님이 왜 이런 말씀을 하셨는지, 그 근거가 무엇인지 분명히 이해해야 합니다. 일반적으로 어떤 주장을 독선적이라고 비난하는 것은, 그것이 보통 근거 없는 고집에서 비롯되었기 때문입니다. 그러나 예수님의 선언은 단순히 자기 고집이나 근거 없는 주장이 아닙니다. 확고한 근거와 이유를 바탕으로 한 선언이며, 구원의 본질과 연결되어 있습니다. 즉, 인간의 구원이 죄 문제와 관련되어 있기 때문입니다.

예수님은 "나는 길이요 진리요 생명이니"라고 말씀하시며, 하나님께 나아가는 길이 자신 외에는 없음을 분명히 하셨습니다. 이는 단지 배타적이기 위해 하신 말씀이 아니라, 구원에 있어 죄를 해결할 수 있는 유일한 분이 바로 예수님 자신뿐임을 밝히신 것입니다.

● 죄와 죽음의 문제에 답할 수 있는가

많은 종교가 인간이 신에게 이르거나 신이 될 수 있다고 주장합니다. 그러나 이들의 설명에는 공통적으로 치명적인 결함이 있습니다. 바로 죄 문제를 해결하지 못한다는 것입니다. 대부분의 종교는 죄를 덮어두거나 잊게 하는 방법을 제시할 뿐, 죄 자체를 완전히 해결하지는 못합니다.

예를 들면, 명상이나 심신 수련을 통해 죄를 잊으려 하거나, 선행으로 죄의 짐을 덜어내려고 하지만, 죄의 본질적인 문제는 여전히 남습니다. 또 죄가 해결되지 않은 상태에서 신에게 이른다고 주장한다면, 그 신은 인간의 죄를 간과하는 불완전한 신일 뿐입니다. 이런 신은 진정한 신, 곧 거룩하고 절대적인 신일 수 없습니다. 그 신은 그저 인간이 만들어낸 수준의 신에 불과합니다.

그래서 참된 종교는 반드시 죄 문제를 다루어야 하고 그 문제를 해결해야 합니다. 이는 죄로 인해 발생하는 사망과 죄로부터 파생되는 인간의 깊은 고독과 고민, 고통의 문제를 다룬다는 뜻입니다. 나아가 자기 죄로 인해 마땅히 받아야 할 삯인 사망과 그 후의 영원한 형벌 문제까지도 해결해야 합니다. 이러한 문제를 해결하고 참된 생명, 진정한 삶으로 이끄는 것이 참된 종교입니다. 이러한 문제에 대한 해결 없이 구원을 말하는 것은 진정한 종교일 수 없습니다. 거기서는 참된 생명을 논할 수 없고, 참된 삶도 말할 수 없습니다. 그런 종교는 단지 종교적 이론으로 심신을 위로하고 달래는 데 그칠 뿐입니다.

그런 점에서 세상의 다른 종교들은 죄 문제를 근본적으로 해결하지 못합니다. 단지 죄로 발생하는 여러 현상, 특히 고통을 잊게 하거나 고통의 사슬을 끊는 문제에 대해 다양한 시도와 이론을 만들어낼 뿐입니다. 그것은 결국 고통에서 일시적으로 벗어나는 것을 말할 뿐 근본적인 해결책은 제시하지 못합니다. 인간은 왜 근원적으로 죄를 범하며, 죄의 본성이 왜 그리도 강력한지 다른 종교는 설명하지 못합니다. 인간이 이미 저지른 죄 문제를 어떻게 처리해야 하는지에 대해서도 답을 내놓지 못합니다. 이는 당연한 결론입니다. 인간은 모두 자기가 지은 죄를 안고 있으며 죄에 대한 대가를 치러야 할 존재일 뿐, 남의 죄를 대신 해결해 주거나 자신의 죄를 삭감할 능력을 가진 존재가 아니기 때문입니다.

모든 인간은 예외 없이 죄성을 가지고 태어나며 죄를 짓습니다. 죄 없는 자가 하나도 없기에, 죄의 해결과 구원 문제를 논하는 인간의 모든 이론은 성립할 수 없으며 가능하지도 않습니다. 결국 인간으로부터 시작된 모든 종교와 사상은 죄 문제를 근본적으로 해결하지 못하기에 결정적인 결함이 있습니다.

물론 인간의 삶 속에서 일어나는 다양한 문제에 대해, 부모가 경험에 비추어 자녀에게 상담해 주듯 종교 역시 인간에게 유익한 도움을 줄 수 있는 요소가 있습니다. 그러나 구원과 관련해서는 어떤 답도 줄 수 없는 것이 이 세상 종교의 한계입니다.

● 타협할 수 없는 진리

그러나 예수님은 인간의 영원한 숙제인 죄와 그로 인한 사망, 그리고 영원한 형벌을 해결하시고 생명으로 이끄신다는 점에서 '유일한 문'이십니다. 다시 말해, 죄 없으신 하나님께서 친히 육신을 입고 이 땅에 오셔서, 우리 죄를 대신 짊어지시고 죄 문제를 해결하심으로써 우리를 생명으로 이끌어 주십니다. 하나님을 대면할 수조차 없었던 우리가 그분을 믿음으로 의롭다 함을 받은 자가 되어, 하나님과 대면할 수 있게 되었다는 점에서 자신을 '그 문'이라고 말씀하신 것입니다.

그런 점에서 예수님의 이 말씀은 아주 확고합니다. 억지나 독선에서 나온 말이 아닙니다. 예수님은 죄 없으신 하나님의 아들로서, 우리 죄를 대신 짊어지고 십자가에 달려 죽으셨다가 부활하심으로써 우리의 죄를 해결하셨다는 사실에 근거해서 하신 말씀이기 때문입니다. 이 일은 실제 역사 속에서 이루어졌습니다. 예수님은 성경에 예언된 대로 하나님의 아들로 이 땅에 오셔서 십자가에 달려 죽으시고 부활하셨습니다. 이 모든 일은 예수님에 의해 친히 증거되었을 뿐 아니라, 부활을 목격한 자들의 증언과 성경이 확증하고 있는 바입니다.

따라서 예수 그리스도 외에 다른 문을 생각할 수 없습니다. 예수님은 구원의 문이며 유일한 문입니다. 물론 인간의 이론은 이 사실을 독선적이라고 생각할 것입니다. 포스트모더니즘과 종교다원주의 사상이 대세가 되면서, 이 진리를 말하는 것이 점점 더 조심스러운 일이 되었습니다. 많은 사람이 상대방을 배려하는 차원에서 진리를 다룹니다. 물론 상대를 무시하거나 짓밟거나 인격적으로 모독

해서는 안 됩니다. 그러나 성경이 명확히 밝히는 진리를 선포함에 있어 결코 주저해서는 안 됩니다. 만일 이 진리 말하기를 주저한다면 그것은 신앙을 포기하는 것과 같습니다. 예수 그리스도를 이 세상에 있는 다른 어떤 것 중 하나로 격하시키는 것이 되고 맙니다. 교회 안에 있으면서 기독교를 상대적인 차원에서 말한다면 그것은 배교입니다. 설사 교회에 몸담고 있다고 해도 진실한 신앙인이라고 할 수 없습니다. 알란 미난은 진리에 대한 현대 사회의 부정적인 반응에 대해 이렇게 지적합니다.

현대 사회의 한 가지 특징은 관용주의다. 그래서 모든 종교가 하나님께 갈 수 있는 통로라고 믿는다. 무엇을 믿는지는 중요하지 않다. 무엇이든 믿기만 하면 된다. 하나님께 가는 길도 많다. 그렇다면 기독교가 아닌 타종교를 믿는다고 해서 하나님께 갈 수 없다고 주장할 수 있는가? 이런 식의 사고가 현대 사회의 다원주의에 대한 관용주의적 가치관이다. 기독교는 배타주의라는 비난을 받는다. 우리가 사는 관용주의 사회의 관점에서 볼 때 기독교는 유아독존적이라고 배격한다. 그래서 크리스천은 왜 예수님이 하나님께로 갈 수 있는 유일한 길이라고 주장하는지를 이해할 필요가 있다.

세상 대부분의 종교는 윤리적 가르침과 신앙 체계 그리고 그들이 개발한 적극적인 포교 방법에 강조점과 특징을 둔다. 본인이 여기서 제안하려는 것은 이것이다. 즉, 타종교는 명제적인 진리를 밝혀낸 창시자들에게 많은 빚을 지고 있는 것이 사실이겠지만, 그들의 영적 통찰의 축적이나 신앙 체계는 원래의 창시자와 독립적으로 존재한다는 것이다. 어떤 특정 종교를 믿는 사람이, 예를 들어 모슬렘 교도나 불교도나 혹은 도교 신자가 자기 종교의 특성을 지니는 까닭은 그러한 영적 통찰이 축적된 명제적 진리 체계를 따르기 때문이다.

자기 종교가 포용하는 진리는 나름대로 타당성이 있다. 앞에서 타종교는 창시자에게 큰 빚을 지고 있다고 언급했다. 그런데 만약 이러한 진리가 자명한 것이라면 또 그들의 창시자에 의해 발견된 것이 아니라면, 누군가 다른 사람에 의해서 발견됐을 것이다. 왜냐하면 명제적인 형태로 전제된 진리는 그것을 발견한 사람보다 훨씬 크기 때문이다. 타종교와 기독교의 기본적이고 일차적인 차이는 바로 여기에 있다고 할 수 있다. 기독교 신앙에서는 신앙 체계와 창시자를 분리할 수 없다.

예수님은 자신이 단순히 진리를 안다고만 말하지 않았다. 그는 '내가 그 진리 자체니라'고 하셨다. 예수님은 단순히 길을 보여 주신 것이 아니다. 그는 '내가 곧 그 길이니라'고 하셨다. 그러므로 크리스천은 그리스도가 없으면 구원도 없고 하나님께로 갈 수도 없다고 확실하게 주장한다. 만약 하나님께로 갈 수 있는 다른 길이 있었다면 하나님이 자기 아들을 그처럼 잔혹한 십자가의 고통 속에서 죽도록 이 세상에 보내시지 않았을 것이다. 그러므로 우리는 예수 그리스도가 하나님께로 가는 유일한 길이라고 주장한다. 예수님이 유일한 문

이다. 오직 이 문을 통해서만이 우리는 하나님의 존전으로 나아갈 수 있다.[05]

예수님이 "나는 문이다"라고 말씀하시며 하나님께 나아갈 수 있는 유일한 문이라고 하신 것을 확신합니까? 불과 몇십 년 전만 해도 많은 사람이 이 말씀에 아멘으로 화답하며 확신했고, 이를 외부에서도 거리낌 없이 표현했습니다. 그러나 오늘날에는 이 말을 할 때 사람들의 반응을 먼저 살핍니다. 같은 신앙을 가진 사람조차도 이런 말을 하면 독선적이거나 극단적이라고 보는 경우가 많고, 이 부분에 확신하지 못하는 이들도 생겨났기 때문입니다.

예수님은 요한복음 14장에서 "나로 말미암지 않고는 아버지께로 올 자가 없느니라"(요 14:6)고 말씀하셨습니다. 예수님을 통하지 않고는 누구도 하나님께 나아갈 수 없다고 하신 것입니다. 그러면서 그 말씀 바로 앞에 "내가 곧 길이요 진리요 생명이니"라고 하셨습니다. 이 말씀은 "나는 문이다"라는 표현과 같은 의미입니다. 즉, 예수님을 통하지 않고는 누구도 하나님께 나아갈 수 없고 구원받을 수 없다는 뜻입니다.

---

05 같은 책, pp.89-91.

● 구원의 문

9절에서 구원을 받는다는 것은 단순히 죽어서 천국에 들어간다는 의미만이 아닙니다. 물론 그 뜻도 포함되지만 그것만 의미하지는 않습니다. 구원이란 하나님께 나아갈 수 없었던 우리가 예수 그리스도로 인해 하나님께 나아갈 수 있게 되었음을 뜻합니다. 이것은 현재 우리의 신분과 지위가 변화되었음을 말하며, 지금부터 하나님과 교제하며 살아갈 수 있게 되었음을 의미합니다. 더 나아가 죄의 권능과 정죄 그리고 그 결과에서 자유로워졌음도 포함합니다.

예수님이 "나는 문이다"라고 말씀하신 것은 그를 믿는 이들에게 "나는 너를 위한 문이며, 구원의 문이다"라고 말씀하시는 것과 같습니다. 예수님은 우리를 위해 하나님께 나아가는 문이 되셨습니다. 우리는 그를 믿어 하나님께 나아갈 수 있게 되었고, 하나님을 아바 아버지라 부를 수 있게 되었습니다. 이 일이 가능하게 된 것은 예수님이 친히 문이 되어 주셨기 때문입니다.

우리는 이 놀라운 사실을 종종 당연시 여기고 그 의미를 가볍게 생각할 때가 많지만, 이 모든 것은 하나님의 아들이 십자가에서 죽으심으로 이루어진 것입니다. 그분의 희생을 통해 하나님께 나아갈 수 있는 길을 얻게 된 것입니다.

● 영적인 자유를 주시는 문

　　　　　　　예수님이 "나는 문이다"라고 말씀하신 것은 자신을 단순히 구원의 문으로만 국한하신 것은 아닙니다. 9절에 "들어가며 나오며"라는 표현이 등장하는데, 이는 예수님이 우리를 들어오고 나가게 하는 문이 되심을 의미합니다. 이는 단순한 출입을 말하는 것이 아니라 영적인 자유를 주신다는 의미로 이해할 수 있습니다. 다시 말해, 예수님은 우리에게 영적인 자유의 문이 되어 주신다는 것입니다.

　어떤 이들은 '들어가며'를 구원을 얻는 것으로, '나오며'를 구원을 잃는 것으로 해석하기도 합니다. 그러나 이 말씀의 의도는 그런 것이 아닙니다. 이 표현은 고대사회에서 관용적으로 사용되던 말로서 안전과 태평함을 의미합니다. 즉, 전쟁이나 위협이 없는 평화로운 삶을 묘사하는 표현입니다.

　예를 들어, 한 나라의 백성이 성 안팎을 자유롭게 드나들 수 있다는 것은 그 나라가 태평하고 안정된 상태임을 나타냅니다. 반면, 나라에 평화가 없고 위기가 닥치면 모든 백성은 성 안에 머물러야 하며 자유롭게 드나들 수 없습니다. 이 같은 맥락에서 예수님이 자신을 문이라고 말씀하시며 "나로 말미암아 … 들어가며 나오며"라고 하신 것입니다. 이는 예수님이 우리를 영적으로 자유롭고 안전하게 하심을 뜻합니다. 실제로 예수님으로 인해 죄가 해결되면 이러한 영적인 자유가 주어집니다.

죄는 인간에게 가장 고질적이고 깊은 문제입니다. 우리가 느끼는 고독과 불안, 불만 또는 사소한 문제로 인해 괴로워하는 마음을 깊이 들여다보면, 그 근본에는 죄가 자리하고 있습니다. 죄는 인간의 본질적인 고통의 원인일 뿐 아니라, 결국 사망이라는 무서운 결과를 가져옵니다.

그러나 예수님이 우리 죄를 해결하시면 우리는 새로운 자유를 누릴 수 있습니다. 이 자유는 단순히 감옥에서 풀려나는 것과 차원이 다른 자유입니다. 죄와 그로 인해 따라오는 사망과 형벌이라는 딱지가 제거되었기 때문에, 더 이상 정죄받지 않는 자로서 살아갈 수 있습니다. 예수님을 통해 들어오고 나가는 자가 된 우리는, 이제 영적인 자유를 누리며 그분 안에서 자유롭게 활동할 수 있는 존재가 되었습니다. 특히 죄로 인해 마음이 혼란스럽고 무거울 때, 문이신 예수님께 나아감으로써 영적인 자유를 다시 확인하고 누릴 수 있습니다. 이것이 바로 예수님께서 "나는 문이다"라고 말씀하신 내용의 본질입니다. 예수님은 단순한 출입의 문이 아니라 영원한 생명과 자유를 주시는 문이 되어 주셨습니다.

불행히도 예수 믿는 사람들도 죄로 인해 다양한 어려움을 겪고, 이미 자유가 주어졌음에도 그 자유를 누리지 못하는 경우가 많습니다. 문이신 예수 그리스도께 나아가지 않기 때문입니다. 예수님이 얼마나 귀한 분인지 그분의 가치를 생각하지 않기 때문입니다. 또 그분과의 관계를 가볍게 여기면서 그 관계를 자신의 삶 속에 적용하지 않기 때문입니다. 사실 이 모든 문제는 예수님과의 관계를 붙들지 않기 때문에 생기는 것입니다.

예수 그리스도를 통해 들어가며 나오는 자는 더 이상 정죄받을 죄가 없습니다. 비록 죄를 범한다 해도 여전히 영적인 자유를 누릴 수 있습니다. 중요한 것은 문이신 예수 그리스도를 의지하고 그분을 바라보는 것입니다. 우리의 죄를 해결하신 그 공로를 신뢰하기만 한다면, 죄와 죄로 인해 생기는 모든 억압과 속박에서 자유를 누릴 수 있습니다.

예수님은 우리의 정서를 속박하는 죄의 힘으로부터도 우리를 자유롭게 하십니다. 그분 안에서 우리는 안전하며 참된 자유를 누릴 수 있습니다. 율법의 속박에서부터, 우리를 상하게 하는 마귀의 역사에서부터, 그리고 죄로 인해 생기는 다양한 공격으로부터 자유와 안전을 보장받을 수 있습니다. 이처럼 문이신 예수 그리스도께 나아오는 자는 영적인 평안과 태평을 누릴 수 있습니다. 예수님이 어떤 분인지, 그분이 이루신 일을 알고 믿는 자는 이 영적인 태평과 자유를 경험할 수 있습니다.

그러므로 언제나 예수 그리스도를 바라보고 십자가에서 시선을 떼지 마십시오. 십자가는 우리에게 영원한 증표이기 때문에, 죄로 마음이 무겁든 문제가 있을 때든 계속해서 우리 앞에 놓여 있어야 합니다. 예수님은 우리에게 영광스러운 자유를 주셨습니다. 이로 인해 복잡한 현실에도 또 죄의 눌림에도 문이신 예수 그리스도로 말미암아 들어가며 나옴으로써 자유를 누릴 수 있습니다. 이것이 바로 우리가 가진 놀라운 특권입니다.

● 영혼에 생기와 만족을 얻게 하는 문

예수님은 이 문을 통해 "꼴을 얻으리라"(9절)고 덧붙이셨습니다. 이 표현은 예수님이 어떤 문인지를 더 분명히 드러냅니다. 즉, 이 문을 통해 들어가고 나옴으로써 양들이 걱정 없이 꼴을 얻을 수 있다는 뜻입니다.

예수님 당시 양들이 꼴을 찾는 것은 쉽지 않았습니다. 황무지가 많았기 때문에 꼴을 얻으려면 목자가 많은 수고를 해야 했습니다. 그러나 양의 입장에서는 목자가 꼴을 찾아 제공해 주는 것이야말로 삶의 활기와 만족, 풍성함을 얻는 일이었습니다. 이처럼 예수님이 우리의 문이 되신다는 것은 출입의 허락을 넘어 우리 영혼에 생기를 주고, 만족과 풍요로움을 누리게 하심을 의미합니다.

그런데 오늘날 많은 사람이 꼴을 얻는다는 말씀을 물질적인 풍요로만 이해하는 경향이 있습니다. 예수님을 믿으면 돈을 잘 벌게 된다거나, 헌금을 많이 하면 하나님께서 몇 배로 갚아주실 것이라고 기대합니다. 하나님을 믿으면서도 신앙을 현금 가치로 환산하려는 태도가 만연해 있습니다. 그러나 꼴을 얻는다는 것은 주로 영적인 면에서 주어지는 만족과 풍요를 의미합니다. 물론 여기에는 삶에 필요한 물질적인 것도 포함될 수 있지만, 그것조차도 영적인 필요와 관련된 맥락에서 이해해야 합니다.

사도 바울이 감옥에 갇혔을 때를 생각해 보십시오. 감옥은 누구에게나 불편한 곳입니다. 바울은 주님을 위해 헌신했는데, 자기가 왜 이런 상황에 처해야 하는지 의문이 들 수도 있었습니다. 그러나 그는 그곳에서도 삶의 생기와 영혼의 만족을 누렸습니다. 예수님이 자기 양인 바울에게 꿀을 먹이신 것입니다. 예수님은 때로 바울의 현실적인 상황도 바꾸어 주셨지만, 먼저 그의 영혼에 만족과 풍성함을 주셨습니다. 그래서 바울은 감옥에서도 "주 안에서 항상 기뻐하라 내가 다시 말하노니 기뻐하라"(빌 4:4)고 말할 수 있었던 것입니다. 단순히 환경에 따라 좌우되는 기쁨이 아니라, 예수 그리스도를 통해 주어지는 생기와 만족에서 비롯된 기쁨입니다.

예수님은 우리 영혼에 참된 만족과 생기를 주는 문이십니다. 우리가 삶의 어려움 속에서 그분을 바라보고 신뢰할 때, 예수님은 우리에게 다시금 영혼의 생기와 풍성함을 누리게 하십니다.

● 그 문으로 나아가 그 문의 복됨을 누리자

예수님 안에는 삶을 새롭게 하고 영혼을 만족케 하는 모든 것이 담겨 있습니다. 이 사실을 믿지 못하거나 조금이라도 의심하는 사람이 있다면, 문이신 예수 그리스도 안에 있는 큰 복을 놓치고 있는 것입니다. 반대로 예수님이 자기의 문이 되심을 믿는 사람은 언제든지 그에게 나아가 의지할 수 있습니다. 마음이 지치고 무거운 상태이거나 어두운 상황에서도 진정한 생기를 얻게 됩니다. 이것은 성경의 기록자뿐 아니라 앞서간 믿음의 선배들이 증언한 내용이기도 합니다. 진실한 신앙을 가진 자들이 남겨둔 글은 모두 이 사실을 증거합니다.

예수 그리스도는 구원을 여는 문입니다. 인간은 스스로 구원할 수 없지만, 예수님은 그 구원의 문을 여시는 분입니다. 더 나아가 구원의 시작뿐 아니라 구원의 여정에 필요한 모든 것까지 열어 주시는 문입니다. 그래서 예수를 처음 믿을 때 느꼈던 감격과 그분의 가치 못지않게, 우리는 구원의 여정 속에서도 그 감격과 가치를 발견해야 합니다. 문이신 예수님은 구원의 여정 내내 필요한 모든 것을 공급해 주시는 분이기 때문입니다.

우리가 해야 할 일은 이 사실을 알고 예수님을 바라보는 것입니다. 삶의 모든 것을 예수님을 통해 보고, 그를 의지하며 행하려는 자세가 필요합니다. 특히 예수님이 이루신 것 위에서 세상을 바라보십시오. 그분 안에서 참된 안전을 경험할 것입니다. 세상의 시련과 환난, 핍박 속에서도 안전하다는 것을 알게 될 것입니다. 감옥에 있거나 심지어 순교의 위협이 임박한 상황에서도 예수님 안에서는 놀라운 평안과 안전을 누릴 수 있습니다. 예수님의 "나는 문이다"라는 말씀은 바로 이것을 의미합니다.

이리나 늑대가 양을 약탈하려면 문에 누워 있는 목자를 통과해야 합니다. 그러나 문이신 예수님 안에 있으면 어떤 위협으로부터도 안전합니다. 그 누구도 예수 그리스도 안에 있는 우리를 상하게 할 수 없습니다.

● 누구에게나 열려 있는 문

예수님은 자신을 문으로 말씀하시며, 이 문은 문턱이 높거나 특정한 기준에 따라 제한적으로 열리는 문이 아니라고 하십니다. 오히려 누구든지 자기에게 오기만 하면 들어갈 수 있는 열린 문이라고 말씀하십니다. 예수님은 우리의 상태나 조건과 상관없이 그분께 나아오면 문을 열어 주십니다. 그 문은 모든 사람에게 활짝 열려 있습니다. 누구든지 열린 문으로 들어가기만 하면 됩니다. 예수님을 믿기만 하면, 그분께 나오기만 하면 그 문은 열립니다. 그 문을 통과하면 누구나 위로를 얻고 꼴을 얻으며 영혼의 자유를 누릴 수 있습니다.

그분은 누구에게나 열려 있는 문입니다. 부자나 학자, 존귀한 자만을 위한 문이 아니라, 세리나 창녀처럼 죄로 얼룩진 사람에게도 열려 있는 문입니다. 자기 상태가 최악이라 할지라도 그분께 나아오면 그 문은 열립니다.

더 놀라운 것은, 예수님은 이미 믿고 있는 우리조차도 죄악 된 상태, 자괴감과 절망감에 빠져 있을 때 받아주신다는 사실입니다. 열린 문이신 예수님께 나아가면, 삶의 모든 문이 닫힌 것처럼 보이는 상황이 열리고, 그분 안에서 참된 자유와 평안을 누릴 수 있습니다.

● 지금 곧 그 문으로 나아오라

그러나 한 가지 유념해야 할 사실이 있습니다. 누구에게나 열려 있는 문이 영원히 열려 있는 것은 아니라는 사실입니다. 이 문은 언젠가는 닫힙니다. 누가복음 10장에서 예수님이 말씀하신 것처럼, 집주인이 일어나 문을 닫은 후에는 아무리 두드려도 열리지 않습니다. "주여, 열어 주소서"라고 외쳐도 "나는 너희가 어디에서 온 자인지 알지 못하노라"는 답만 돌아올 것입니다. 이 문은 죽음으로 닫힐 수도 있고, 마지막 심판 날에 닫힐 수도 있습니다.

어떤 사람들은 나중에 예수를 믿겠다며 열린 문을 지나칩니다. 냉정하게 거절하는 사람도 있고, 다음에 믿겠다고 웃으며 거절하는 사람도 있습니다. 그들은 모두 닫힌 문 앞에 서게 될 수 있습니다.

예수님은 지금 누구에게나 열려 있습니다. 그러나 그 열린 문을 지나가지 않는 사람에게는 결국 닫힌 문이 되고 맙니다. 지금이 기회입니다. 영원히 닫히기 전에 그분을 통해 구원의 문으로 들어가야 합니다.

예수님은 "나는 너희를 위한 열린 문이다"라고 말씀하십니다. 우리를 위해 구원의 문, 영혼의 자유와 생기를 주시는 문으로 자신을 소개하십니다. 우리에게 이러한 예수 그리스도가 있다는 사실은 참으로 큰 힘이 됩니다. 그러므로 자신의 상태가 어떠하든, 마음이 추하고 감정이 바닥을 치더라도 예수님께 나아오십시오. 우리를 향해 언제나 열린 문으로 계시는 그분께 말입니다.

선한 목자이신 주님

"나는 선한 목자라 선한 목자는 양들을 위하여 목숨을 버리거니와 삯꾼은 목자가 아니요 양도 제 양이 아니라 이리가 오는 것을 보면 양을 버리고 달아나나니 이리가 양을 물어 가고 또 헤치느니라 달아나는 것은 그가 삯꾼인 까닭에 양을 돌보지 아니함이나 나는 선한 목자라 나는 내 양을 알고 양도 나를 아는 것이 아버지께서 나를 아시고 내가 아버지를 아는 것 같으니 나는 양을 위하여 목숨을 버리노라 또 이 우리에 들지 아니한 다른 양들이 내게 있어 내가 인도하여야 할 터이니 그들도 내 음성을 듣고 한 무리가 되어 한 목자에게 있으리라 내가 내 목숨을 버리는 것은 그것을 내가 다시 얻기 위함이니 이로 말미암아 아버지께서 나를 사랑하시느니라" _요 10:11-17

● 성경이 선언하는 목자 되심

성경은 하나님과 그 백성의 관계를 종종 목자와 양으로 비유합니다. 이 비유는 하나님께서 목자처럼 그의 백성을 이끌고 보호하시며 돌보고 살피신다는 뜻을 담고 있습니다. 시편 100편 3절은 이렇게 말합니다. "여호와가 우리 하나님이신 줄 너희는 알지어다 그는 우리를 지으신 이요 우리는 그의 것이니 그의 백성이요 그의 기르시는 양이로다." 다윗의 시편 23편도 목자이신 하나님과 우리 사이를 구체적으로 묘사합니다. 이러한 배경 속에서 하나님께서는 에스겔 선지자를 통해 선한 목자에 대한 예언을 주셨습니다.

> 나 곧 내가 내 양을 찾고 찾되 … 캄캄한 날에 그 흩어진 모든 곳에서 그것들을 건져낼지라 … 내가 친히 내 양의 목자가 되어 그것들을 누워 있게 할지라 주 여호와의 말씀이니라 그 잃어버린 자를 내가 찾으며 쫓기는 자를 내가 돌아오게 하며 상한 자를 내가 싸매 주며 병든 자를 내가 강하게 하려니와 … 내가 한 목자를 그들 위에 세워 먹이게 하리니 그는 내 종 다윗이라 그가 그들을 먹이고 그들의 목자가 될지라 나 여호와는 그들의 하나님이 되고 내 종 다윗은 그들 중에 왕이 되리라 나 여호와의 말이니라 _ 겔 34:11-24

에스겔 당시 다윗은 이미 죽은 상태였기 때문에, 이 말씀에서 다윗은 다윗의 후손으로 오실 예수님을 가리킵니다. 그리고 이 예언은 예수 그리스도 안에서 그대로 성취되었습니다. 예수님은 자신을 '선한 목자'라고 선언하시며, 이 예언이 자신 안에서 이루어졌음을 밝히셨습니다. 그리고 십자가 죽음과 그 후의 모든 사역으로 이 말씀을 확증하셨습니다.

1세기 이후 성도들은 실제로 예수 그리스도를 자기 영혼의 목자로 믿고 의지했습니다. 우리는 그 흔적을 초대 교회 성도들의 기록 속에서 발견할 수 있습니다. 당시 로마 제국이 그리스도인을 잡아 죽이며 심히 핍박했을 때, 그들은 로마 변두리에 있는 지하묘지 카타콤(catacomb)으로 도피해 숨어 지냈습니다. 그곳에 머물면서 남긴 유명한 벽화 중 하나가 바로 예수님이 양 한 마리를 어깨에 메신 그림입니다. 그렇게 1세기 성도들은 지하묘지에 숨어 살면서도, 예수님이 자신의 목자임을 믿고 그분의 인도하심을 의지하며 신앙생활을 이어갔습니다. 이러한 배경 때문에 우리도 이 그림에 익숙할 뿐 아니라, 성경을 통해 예수 그리스도가 우리의 목자임을 알고 있습니다.

그럼에도 많은 사람이 여호와께서 내 목자가 되신다는 말씀, 특히 예수님이 "나는 너희를 위한 선한 목자다"라고 하신 말씀을 추상적으로 받아들이는 경우가 많습니다. 목자라는 표현이 우리에게 친근하게 다가오지 않아, 실제 삶 속에서 생생하게 의지하지 못하는 경우가 많습니다. 이스라엘 백성에게 목자라는 비유는 매우 익숙하고 친밀하지만, 오늘날 우리는 대부분 목자 되심을 추상적으로 여깁니다.

그러나 이 말씀은 추상적인 말씀이 아닙니다. 여기서도 예수님은 'I am' 곧 구약에서 하나님이 자신을 가리켜 쓰신 그 표현을 그대로 사용했습니다. 즉, "나는 선한 목자다"라고 말씀하시며, 하나님으로서 우리의 선한 목자 되심을 분명히 선언하셨습니다.

● 양과 목자의 관계

이를 더 잘 이해하기 위해, 당시 예수님이 목자와 양의 관계를 비유로 말씀하신 배경을 살펴볼 필요가 있습니다. 이 관계를 생각할 때, 양과 목자라는 두 가지 측면을 동시에 이해해야 합니다. 먼저, 양은 전적으로 목자가 필요한 동물입니다. 양은 목자가 없으면 생존할 수 없을 정도로 의존적이며 어리석습니다. 넘어져서 몸이 뒤집히면 스스로 일어나지 못해 결국 죽고 맙니다. 또 독초와 먹을 수 있는 풀을 구별하지 못하며, 육식동물이 나타나면 겁에 질려 도망가지도 못하고 그 자리에서 잡아먹히는 경우가 많습니다. 심지어 소리도 지르지 않고 방어도 하지 않는다고 합니다. 양은 날카로운 뿔 같은 방어 수단도 전혀 없습니다. 양보다 작은 새조차도 부리로 자신을 방어하지만, 양은 그러한 무기조차 없고 위장술 같은 것도 없습니다. 심지어 방향감각마저 없어서 늘 방황하며 위험을 인식하지도 못합니다. 이러한 이유로 양에게는 목자가 반드시 필요합니다.

이 비유에서, 예수님은 단순히 말 잘 듣는 개들을 인도하는 목자로 말씀하신 것이 아니라, 어리석고 갈 바를 알지 못하며 무방비 상태에 있는 양들을 돌보는 목자로 말씀하셨습니다. 또 삯꾼이 아니라 양들을 잘 아는 밀접한 관계 속에서 그들을 인도하는 선한 목자로 자신을 소개하셨습니다.

앞장에서 두 가지 형태의 우리가 있음을 살펴보았습니다. 하나는 이동 중에 간이식으로 만든 우리로, 이 경우에는 문이 따로 없고 목자가 몸으로 문 역할을 했습니다. 다른 하나는 마을 근처에 공동으로 세운 우리로, 밤에는 주로 문지기가 지키고, 낮에는 목자가 와서 양을 데려갔습니다. 이때 목자는 양의 이름을 부르며 친밀하게 인도했고, 양도 목자의 음성을 알고 따라갔습니다.

보통 양은 10년 정도 살기 때문에 이런 친밀한 관계가 가능하다고 합니다. 한 번 봐서는 구별하기 어렵지만, 실제로 양들은 무늬나 생김새가 조금씩 다릅니다. 목자는 양의 이런 세세한 특징까지 알고, 그들을 개별적으로 돌봅니다. 예수님이 말씀하시는 목자도 이처럼 양을 세세히 알고 관계를 맺는 참된 목자입니다.

예수님은 이러한 관계를 여러 구절에서 반복해 언급하십니다. 요한복음 10장 3절에서는 "그가 자기 양의 이름을 각각 불러 인도하여 내느니라"고 하셨고, 4절에서는 "양들이 그의 음성을 아는 고로 따라오되"라고 말씀하셨습니다. 14절에서도 "나는 선한 목자라 나는 내 양을 알고 양도 나를 아는 것"이라고 말씀하셨고, 27절에서는 "내 양은 내 음성을 들으며 나는 그들을 알며 그들은 나를 따르느니라"고 하셨습니다.

우리는 목자와 양이 이렇게 친밀하고 개인적인 관계를 맺는다는 것을 잘 이해하지 못할 수 있습니다. 그러나 예수님이 말씀하시는 선한 목자는, 삯꾼과 달리 각 양을 개별적으로 알고 우리의 상상을 초월하는 친밀한 관계를 맺는 목자를 가리킵니다. 바로 이 배경 속에서 예수님은 우리를 양으로, 자신을 선한 목자로 말씀하신 것입니다.

물론 이 비유적 표현에서 예수님은 영적인 의미의 목자를 말씀하셨습니다. 다시 말해, 예수님은 우리의 영혼을 인도하는 선한 목자시며, 우리의 삶 전체를 영원한 영광으로 이끄시는 영혼의 목자십니다. 우리의 전 존재와 삶을 이끄시는 참된 인도자십니다. 예수님이 선한 목자라고 말씀하신 것은 바로 이러한 의미를 담고 있습니다.

● 연약하고 어리석은 양을 위하시는 선한 목자

예수님은 목자 없이는 생존할 수 없는 양 같은 우리의 실체를 깨닫게 하십니다. 우리는 신앙생활을 하며 교회 안에서는 이 사실을 인정하지만, 일상으로 돌아가면 목자 없이도 살아갈 수 있는 것처럼 스스로 모든 것을 해결하려고 합니다. 많은 이들이 목자를 찾기보다는 자기 방식대로 살아가며, 목자 되신 예수 그리스도의 필요성을 간과하는 것입니다. 그러나 우리 영혼은 목자이신 예수 그리스도가 없으면 생명을 얻을 수도 유지할 수도 없습니다.

우리의 본성은 영적인 면에서 양같이 어리석고 연약합니다. 자기가 좋아하는 것에 쉽게 한눈팔거나 빠져들며, 하나님의 음성을 따라가기보다는 자기 뜻대로 움직입니다. 그러면서도 그것이 영혼에 유익한지 해로운지조차 분간하지 못한 채 자기 욕망을 좇으며 살아갑니다.

그뿐 아니라 죄의 공격 앞에서 자주 넘어지는 약함과 한계를 드러냅니다. 이런 상태에서 우리는 스스로 일어설 수 없습니다. 영혼의 목자이신 주님이 찾아오셔야 회복될 수 있습니다. 그런 우리가 주님께 나아갈 수 있는 것도 주님이 먼저 우리를 붙들어 주시기 때문입니다.

예수님은 목자와 양의 관계를 통해 이러한 우리의 연약함과 한계를 정확히 아시고, 우리를 보호하며 인도하시는 분임을 나타내십니다. "나는 너희를 위한 선한 목자다"라는 말씀은 예수님이 우리 삶과 영혼을 온전히 돌보시는 분임을 밝힙니다. 이 말씀은 단순한 비유 이상의 은혜와 진리를 담고 있습니다. 예수님이 선한 목자임을 통해 전하고자 하시는 메시지를 올바르게 이해하고, 그것을 우리 삶 속에서 경험되는 사실로 받아들일 때, 이 말씀이 얼마나 깊고 놀라운 진리인지 깨닫게 됩니다.

무엇보다도 은혜로운 것은, 주님이 양처럼 어리석은 우리의 특성을 모두 아시면서도 "나는 선한 목자다. 너희를 위한 선한 목자다"라고 말씀하신다는 점입니다. 보통 누군가에게 가능성이 보이지 않거나 믿을 만하다고 생각되지 않으면 그와 함께하려 하지 않습니다. 그런데 주님은 우리의 연약함과 어리석음을 다 알면서도 "나는 선한 목자다" 선언하시고, 심지어 우리를 위해 목숨까지 버리는 목자라고 말씀하십니다. 이 표현은 요한복음 10장 11-17절에서 세 번이나 반복됩니다.

실제로 예수님은 양처럼 어리석게 제 갈 길로 가고 죄악에 노출되어 약함을 드러내는 우리를 위해 목숨을 버리셨습니다. 십자가에 달려 죽으신 것입니다. 이는 양 같은 우리를 죄로부터 영원히 안전하게 보호하기 위해, 곧 죄로 인한 수많은 상처와 다가올 심판으로부터 우리를 구하기 위해 자신을 희생하신 것입니다.

● 그 목자의 양들만 누리는 특권

예수님이 십자가에 달려 죽으신 것은 우연히 일어난 사건이 아닙니다. 양의 본성을 아시는 예수님이 의도적으로 그리고 자발적으로 자기 목숨을 내어놓으신 사건입니다. 연약함과 죄로 인해 무방비 상태에 놓인 우리를 구하기 위해 그렇게 하셨습니다. 특히 죄와 사망 앞에서 아무런 힘이 없는 우리를 위해 자신을 희생하신 것입니다. 이러한 예수님의 희생으로 우리가 죄의 공격에 대응할 힘을 얻게 되었습니다.

예수를 믿기 전에는 아무리 많이 배우고 똑똑해 보이는 사람도 죄의 본질을 깨닫지 못한 채 죄를 따라 살아갑니다. 이것이 예수 믿기 전 인간의 모습입니다. 인간은 죄의 공격 앞에서 완전히 무방비 상태에 있습니다. 예수님은 바로 그런 우리를 구하기 위해 목숨을 버리셨습니다. 우리를 위협하는 모든 위험에서 보호하고 우리를 지키기 위해 자기 목숨을 버린 유일한 목자입니다. 우리는 이 선한 목자이신 예수 그리스도 때문에 어리석음과 약함에도 불구하고 모든 위험에서부터 보호받을 수 있는 것입니다.

우리는 이미 수많은 위험 속에서 약함을 드러내고 패배를 경험했습니다. 앞으로도 그런 일을 수없이 겪을 수 있습니다. 그러나 선한 목자이신 예수 그리스도가 계시기에, 죄의 위험과 그로 인한 사망, 진노와 심판, 사탄의 공격과 정죄, 우리의 영혼을 위협하는 온갖 위험에서 보호받을 수 있습니다. 이 사실은 말할 수 없는 복과 기쁨을 줍니다. 그리고 우리 영혼에 은혜와 안전을 보장하는 놀라운 특권이 있음을 말해 줍니다.

그런데 이런 혜택은 단지 그의 양들에게만 주어진다고 말씀하십니다. '나는 내 양을 알고 양도 나를 안다'는 말씀처럼, 목자이신 예수님과 그분을 따르는 양들의 관계 속에서 이 축복은 이루어집니다. 그러므로 그분을 믿는 자에게 이 사실은 말로 다 표현할 수 없는 은혜이며 축복입니다. 특히 양같이 연약한 우리의 상태를 생각하면, 이것은 엄청난 기쁨과 감사를 가져다주는 소식이 아닐 수 없습니다.

● 목자 없이 살 수 없는 우리

　　　　　　우리는 아무리 철저하고 완벽하려고 해도 양 같은 특성이 있습니다. 그래서 결코 완벽할 수 없습니다. 우리의 본성은 거룩한 길, 의의 길, 하나님이 기뻐하시는 길을 걷기보다, 자기 욕심과 본성대로, 자기가 하고 싶은 대로, 때로는 기분에 따라 행동하면서 약함을 드러내곤 합니다. 그래서 주님과 온전한 관계를 맺거나 풍요로운 영적 상태에 스스로 이를 수 없습니다. 우리는 쉽게 정죄감에 빠지고, 비참해하며, 불안과 두려움 속에 사로잡히는 존재입니다. 그래서 우리에게는 정말로 선한 목자가 필요합니다. 우리 영혼을 이끌어 줄 참된 목자가 필요한 것입니다.

　많은 사람이 이러한 영혼의 목자를 만나지 못해 공허함을 이것저것으로 채우려고 합니다. 어떤 이들은 성공에 집착하고, 어떤 이들은 쾌락이나 중독에 빠집니다. 그러나 그런 시도는 모두 실패로 끝나며, 극단적으로는 자살이나 마약에까지 이르기도 합니다. 이는 모두 영혼의 목자를 만나지 못해 일어나는 일입니다.

　교회 안에서도 마찬가지입니다. 예수를 믿는다고 하면서도 여전히 정죄감과 불안을 느끼며, 자기의 내면에서 일어나는 수많은 혼란과 감정의 소용돌이에 갇혀 사는 경우가 많습니다. 바로 목자 되신 주님을 바라보지 않기 때문입니다. 주님을 신뢰하지 않고, 그분께 기대지 않기 때문입니다. 목자 되신 주님이 없다면, 우리는 죄가 가져오는 상처와 파괴, 저주와 심판에서 결코 자유로울 수 없습니다. 예수를 믿는 과정에서도 마찬가지입니다. 목자 되신 주님이 없다면 우리는 복잡하고 부정적인 감정과 상태에서 벗어날 수 없습니다. 신앙을 지키며 앞으로 나아갈 힘을 얻을 수도 없습니다.

우리는 목자를 모시고 있음에도 수시로 마음의 혼란과 넘어짐을 경험할 때가 많습니다. 이처럼 죄와 죄악 된 세상이 가져오는 온갖 공격 앞에서 우리는 여전히 취약한 존재입니다. 그러므로 목자 없이 우리는 바른 길을 갈 수 없고, 생명의 꼴을 먹을 수도 없습니다. 이 사실을 찬송가 292장 "주 없이 살 수 없네"는 잘 표현하고 있습니다. 이 찬송가는 시편 23편에 근거하여 작사된 것으로 알려져 있습니다.

> 주 없이 살 수 없네 나 혼자 못서리
> 힘 없고 부족하며 지혜도 없도다
> 내 주는 나의 생명 또 나의 힘이라
> 주님을 의지하여 지혜를 얻으리

이 찬송가의 고백처럼 우리 영혼은 주님 없이 살 수 없습니다. 그래서 목자 되신 주님이 계시다는 사실은 양 같은 우리에게 크나큰 위로와 복이 됩니다. 예수님은 "나는 선한 목자다. 나는 너희를 위한 목자다"라고 말씀하시며, 우리를 위해 자신을 목자로 내어주셨습니다. 그래서 이 말씀에는 죄의 공격을 두려워할 필요가 없다는 선언이 담겨 있습니다. 양을 공격하는 수많은 대적이 있듯, 우리를 공격하는 죄와 그로 인해 생기는 상처와 결과, 심지어 사망의 음침한 골짜기를 통과하게 되는 상황마저도 두려워할 필요가 없다는 것입니다. 시편 23편도 동일하게 말합니다. "내가 사망의 음침한 골짜기로 다닐지라도 해를 두려워하지 않을 것은 주께서 나와 함께 하심이라 주의 지팡이와 막대기가 나를 안위하시나이다"(시 23:4).

주님은 죄와 그로 인한 공격과 상처에서 우리를 안전하게 보호하기 위해 십자가에서 모든 것을 이루셨습니다. 그래서 우리는 넘어질지라도 예수 그리스도 안에서 다시 일어설 수 있고 안전합니다. 주님은 부활하셔서 지금도 하늘 보좌에 앉아 계시며, 가장 완벽한 목자로서 우리를 이끌고 계십니다.

● 목자의 사랑과 보호와 인도

이처럼 선한 목자이신 예수님은 우리의 모든 것을 알고 계십니다. 우리 각 사람을 하나하나 세심하게 알고 돌보시는 목사입니다. 한 번도 만나본 적 없는 삭개오에게 "삭개오야, 내려오라"고 말씀하셨듯, 부활하신 주님을 알아보지 못한 마리아에게 "마리아야" 하고 부르셨듯, 예수 믿는 자를 핍박하러 다메섹으로 가던 사울에게 "사울아, 사울아" 하고 부르셨듯, 주님은 우리를 하나하나 알고 부르십니다.

오늘날 많은 사람이 자신을 알아주지 않는 것, 진심으로 사랑받지 못하는 것 때문에 외로움과 고독을 느낍니다. 그래서 TV와 스마트폰을 친구 삼아 살아가고, 자아가 무너진 상태로 지내는 경우가 많습니다. 또 누군가의 진심 어린 사랑을 한 번이라도 경험하면 눈물 흘리며 어찌할 줄 몰라 하는 것이 이 시대의 모습입니다. 그렇게 수많은 관계 가운데 있어도 고독감과 공허함을 느끼며 살아가고 있습니다.

그런데 주님은 그런 우리의 이름만 아시는 것이 아니라, 우리의 약함과 한계, 그리고 주님 없이는 삶을 유지할 수 없다는 사실까지 모두 아십니다. 주님은 우리의 전 생애를 아시며, 삶의 모든 여정에 깊은 관심을 가지고 우리를 친밀하게 인도하시는 목자입니다. 이는 곧 우리 영혼의 생명을 책임지신다는 뜻이기도 합니다. 주님은 우리가 이 땅에서 사는 몇십 년뿐 아니라, 그 후의 영원한 삶까지 책임지신다는 것입니다.

요한복음 10장 28절에서 이렇게 말씀하십니다. "내가 그들에게 영생을 주노니 영원히 멸망하지 아니할 것이요 또 그들을 내 손에서 빼앗을 자가 없느니라." 이 말씀처럼 우리는 목자 되신 주님의 인도 아래 영원히 보존될 것입니다. 세상 누구도 우리의 생명을 빼앗을 수 없습니다. 인간이 상하게 할 수 있는 것은 육적 생명에 불과합니다. 영원한 생명은 누구도 빼앗을 수 없습니다. 주님은 바로 이 영원한 생명을 우리에게 주시고, 우리가 그것을 누리도록 인도하시는 목자입니다.

● 목자가 주시는 진정한 생명과 풍성함

요한복음 10장 10절에서 예수님은 "내가 온 것은 양으로 생명을 얻게 하고 더 풍성히 얻게 하려는 것이라"고 말씀하셨습니다. 예수님이 목자가 되신다는 것은 단순히 목자로서 존재하신다는 의미가 아니라, 실제로 우리에게 생명을 주시고 그 생명을 더욱 풍성히 누리게 하신다는 뜻입니다. 그러므로 하나님의 말씀을 통해 우리에게 약속된 것을 단순히 지식으로만 알아서는 안 되고, 삶 속에서 믿고 경험하며 누려야 합니다.

그러나 오늘날 많은 사람이 껍데기 같은 신앙으로 헛된 만족과 자아도취에 빠져 살아갑니다. 생명을 얻게 하고 더 풍성히 얻게 하려 한다는 말씀을 잘못 이해하여, 단순히 이 땅에서의 성공이나 물질적 풍요를 약속한 것으로 받아들이는 경우도 많습니다. 그러나 예수 믿으면 잘 먹고 잘살며 성공한다는 차원에서만 이 말씀을 해석하는 것은 잘못된 접근입니다.

목자 되신 예수 그리스도는 단순한 물질적 풍요가 아닌, 영혼 깊은 곳에서부터 진정한 생명과 풍성함을 누리게 하십니다. 이는 죄와 사망의 권세에서 벗어나 참된 자유와 평안을 주는 생명입니다. 이 생명의 풍성함을 주님 안에서 제대로 경험하며 살아갈 때, 주님이 주시는 참된 은혜와 복을 누릴 수 있습니다.

"나는 선한 목자다"라는 말씀은 예수 그리스도께서 우리 영혼의 목자로서 우리를 인도하시며, 우리 안에 영생의 풍성함을 누리게 하시는 것에 대해 말씀하신 것입니다. 이는 단순히 미래에 누릴 영생만이 아니라, 이 땅에서부터 시작되는 영생의 누림과 부요함을 경험하는 것에 대해 말씀하신 것입니다.

여기서 영생은 단순히 오래 사는 것, 죽음을 넘어선 어떤 막연한 삶을 말하는 것이 아닙니다. 영생은 예수를 믿는 순간 이 땅에서부터 시작되는 것입니다. 죽어서 편히 쉬는 상태를 말하는 것이 아니라, 지금 이곳에서 하나님을 알고 그분과 교제하며 그분의 생명을 누리는 것을 말합니다(요 17:3). 하나님은 영원히 존재하시는 분입니다. 그렇기에 영생은 본질적으로 영원하신 하나님과 예수 그리스도를 아는 것을 통해 경험하는 생명의 풍성함, 곧 삶의 질을 의미합니다. 영생을 누린다는 것은, 영원하신 하나님과 예수 그리스도를 아는 관계 속에서 그분을 의지하며 누리는 생명의 경험을 가리킵니다.

예를 들면, 인간은 실망과 좌절, 슬픔의 순간에, 본성적으로 불평하고 신경질 내며 쉽게 짜증을 냅니다. 그런 자리에서는 소망과 기쁨을 찾기 어렵습니다. 그러나 그 자리에서 신적인 생명이 역사하여 소망이 꿈틀거리고, 기쁨과 사랑이 솟아오르는 것을 경험한다면, 그것이 바로 영생의 누림입니다. 그래서 이것은 단순히 물질적

성공이나 잘사는 차원의 내용이 아닙니다. 집이 잘되고 돈이 많아도, 영적으로 풍성하지 못한 사람은 여전히 공허함을 느끼며 괴로워합니다. 일시적인 쾌락에 빠지거나 마약 같은 황홀감으로도 채울 수 없는 것이 바로 이 영적 공허함입니다. 그런데 예수 그리스도께서 우리를 이 생명의 풍성함으로 인도하십니다. 그리하여 우리가 고통과 절망, 슬픔 속에 있을 때, 예수님은 하나님으로부터 오는 생명의 역동성을 경험하게 하십니다. 그분과의 관계 속에서 소망과 기쁨을 발견하게 하시는 것입니다.

물론 주님은 필요에 따라 물질적인 필요를 채우기도 하십니다. 그러나 목자로서 주님이 주시는 풍성함의 핵심은, 영혼이 누리는 생명의 풍성함에 있습니다. 그러므로 이런 풍성함을 하찮게 여기거나 그 필요조차 느끼지 못한다면, 그 영혼은 하나님께로부터 오는 이 생명을 누리지 못하는 상태에 있을 가능성이 큽니다. 그런 상태에서는 삶의 선택과 결정, 물질적 부유함을 누리는 것조차 공허하고 의미 없는 결과로 이어집니다. 그러면 삶의 결실은 금방 사라질 배설물 같은 것에 불과해질 것입니다.

그러므로 목자 되신 주님께서 주시는 풍성함을 결코 가볍게 여기지 마십시오. 이는 죄악과 부패 속에 살아가는 인간 실존에 대한 최고의 해답이며 가장 필요한 복입니다. 사실 모든 인간이 내면에서 가장 갈망하고 바라는 것이 바로 이 풍성함입니다. 이는 죄로 인한 곤고한 삶 속에서 우리가 본능적으로 목 놓아 찾고 구하는 것이며, 진실한 신자들이 가장 사모하는 것입니다.

● 주님의 음성을 듣고 따르는 삶

목자의 인도 아래 경험하는 이 영혼의 풍성함은 삶의 환경이 어떠하든 우리를 새롭고 충만하게 합니다. 예수님은 목자로서 우리를 인도하여 바로 이 풍성함을 얻게 하겠다고 약속하십니다. 그러므로 우리가 해야 할 일은 단순합니다. 목자 되신 주님을 따르고, 그분의 음성을 듣는 것입니다. 요한복음 10장 27절에서 예수님은 "내 양은 내 음성을 들으며 … 그들은 나를 따르느니라"고 말씀하셨습니다. 이 말씀이 바로 우리에게 있어야 할 모습입니다.

영생의 풍성함을 누리기 위해서는 목자 되신 주님이 절실히 필요하다는 것을 깨닫고, 그분의 음성을 듣고 따라야 합니다. 위협을 감지하지 못해 넘어져도 스스로 일어나지 못하고, 눈앞의 먹이가 독초인지 분간하지 못하는 양일지라도 목자의 음성을 알아듣고 따르는 것처럼, 우리도 그래야 합니다. 어려운 상황에 처했을 때, 외로움에 빠져 자신을 도와줄 사람이나 절박한 필요를 채워줄 이가 없는지 찾고 있을 때, 죄에 빠지거나 정죄감에 사로잡힐 때, 마음이 어려운 상태에 있을 때, 주님의 음성을 듣고 반응해야 합니다.

그런 상황에서 주님의 음성을 듣지 못하고 따르지 않는다면, 영생의 풍성함을 결코 누릴 수 없습니다. 주님의 음성을 알아듣고 따르는 자만이 목자를 통해 꿀을 먹고 풍성함을 누립니다. 똑같이 어렵고 힘든 조건에서도, 그들은 영생의 풍성함, 하나님과의 생명의 교감, 역동적인 힘을 경험합니다. 힘겨운 상황에서도 소망을 품고, 슬픔 속에서도 기쁨을 느끼는 생명력을 경험합니다. 예수님은 "나는 선한 목자다. 나는 너희를 위한 선한 목자다" 말씀하셨습니다. 여호와께서 육신을 입고 이 땅에 오셔서 우리의 목자가 되셨다는 이 사실이 얼마나 귀하고 은혜로운 말씀인지 모릅니다. 주님은 지금도 영원히 우리의 생명과 풍성함을 책임지는 목자로 계십니다.

그러므로 목자 되신 주님의 필요를 절실히 깨달으며, 그분의 음성을 듣고 따르십시오. 이것이 그분의 양인 우리가 살아갈 수 있는 유일한 길입니다. 다른 길을 찾지 마십시오. 오직 이 길을 따르십시오. 그리하여 목자 되신 주님 안에서 영생의 풍성함을 맛보며 누리시길 바랍니다.

Chapter 7

부활과 생명이신 주님

"예수께서 이르시되 나는 부활이요 생명이니 나를 믿는 자는 죽어도 살겠고 무릇 살아서 나를 믿는 자는 영원히 죽지 아니하리니 이것을 네가 믿느냐"

_ 요 11:25-26

● 전례 없는 놀라운 선언

예수님은 "나는 부활이요 생명이니"라고 말씀하셨습니다. 여기서 주목해야 할 점은 "나는 부활이다" 하지 않으시고, "부활이요 생명이다"라며 부활과 생명을 연결 지어 말씀하신 것입니다. 이 두 단어의 연결된 의미를 깊이 묵상해 보아야 합니다. 그러나 그에 앞서, 먼저 이것을 말씀하신 분이 누구인지 생각해 보아야 합니다. 인류 역사 속에서 "나는 부활이요 생명이다"라고 선언한 사람은 단 한 사람도 없습니다. 이 말은 단순히 독특하거나 새로운 수준의 표현이 아니라, 인류 역사상 그 누구도 상상하거나 들어본 적 없는 전무후무한 선언입니다.

오늘날 교회에서 이 말씀을 자주 듣다 보니 그 무게를 간과하기 쉽습니다. 그러나 인류의 역사를 뒤져 보아도 "나는 부활이요 생명이다"라고 말할 수 있는 사람은 없었습니다. 인간으로서 그리고 정상적인 사고를 가진 자로서 이렇게 말할 수 있는 이는 존재하지 않습니다. 만약 어떤 사람이 이런 말을 했다면, 그 사람은 정신적으로 문제가 있거나 그 말이 참일 수밖에 없는 사람이어야만 합니다. 이는 단순한 주장이 아닌 그 말 자체가 엄청난 무게를 지닌 선언이기 때문입니다.

그런데 예수님께서 바로 이 엄청난 말씀을 하셨습니다. 그리고 이 말씀은 과감하고 독특한 선언으로 끝나지 않았습니다. 요한복음 11장 43-44절은, 죽은 나사로를 살리는 사건 속에서 예수님이 하신 말씀입니다. 예수님은 죽은 나사로를 무덤에서 불러냄으로써, 자신이 "부활이요 생명이다"라고 한 말이 과장된 자의식이나 단순한 비유가 아니라 실제 그렇다는 것을 보이셨습니다.

이 사건은 상징적이거나 이론적인 이야기가 아니라 역사 속에서 실제로 일어난 충격적인 사건입니다. 예수님은 'I am'이라는 표현을 통해 이미 자신이 구약에서 말씀하신 여호와 하나님임을 드러내셨습니다. 그러나 이 선언은 단지 말에 그치지 않고, 죽은 나사로를 살리는 기적을 통해 자신이 하나님임을 역사적으로 증거하신 것입니다. 나사로를 살리신 사건은 부활과 생명이 실제로 예수님께 속한 진리임을 드러낸 결정적인 증거입니다. 예수님은 "나는 부활이요 생명이다"라는 그 진리를 자기의 행위로 입증하셨습니다. 즉, 나사로를 무덤에서 불러내신 사건은 단순히 자기가 부활이요 생명임을 주장한 것이 아니라, 실제로 자신이 부활과 생명의 주인임을 입증하신 사건입니다.

● 죽음의 그림자를 걷어내는 부활의 생명

예수님의 이 말씀을 잘 이해하려면, 요한복음 11장 25-26절 전후의 배경 속에서 말하고 있는 죽음의 그림자를 먼저 이해해야 합니다. 이 말씀은 일차적으로 죽음의 기운, 죽음의 그림자, 그리고 실제로 죽음과 관련된 문제를 다루고 있습니다. 이 세상에 태어나는 모든 인간은 결국 죽습니다. 예수 믿는 사람이라 할지라도 죽음을 피할 수 없습니다. 예수님은 바로 그런 우리를 위한 부활과 생명으로 자신을 나타내십니다. 이 말씀을 건성으로 듣고 넘긴다면, 부활과 생명이신 예수님은 아무 상관 없는 분이 될 것입니다. 그러나 이 말씀을 믿는 자는 예수님을 통해 죽음에 대한 답을 얻을 것입니다.

모든 인간은 예외 없이 죽습니다. 아직 젊은 20대나 30대 혹은 40대일지라도 죽음은 가까이에 있습니다. 죽음을 직접 맞이하지 않았더라도 우리는 죽음의 그림자를 경험하며 삽니다. 죽음이 주는 비통함과 슬픔, 답답함은 결국 누구에게나 닥치는 현실입니다. 아무리 강직한 사람이라도, 아무리 세상에서 잘 나가는 사람이라도 이 죽음의 그림자 앞에서는 예외일 수 없습니다. 누구나 부모, 형제, 자녀, 또 사랑하는 사람이 죽을 때면 죽음의 현실 앞에서 비통함을 느낍니다. 죽은 나사로 이야기는 바로 이러한 배경 속에서 펼쳐집니다.

나사로와 마르다, 마리아가 있는 베다니의 집은 예수님이 예루살렘으로 가실 때 자주 쉬셨던 곳입니다. 나사로가 병들었을 때 마르다는 예수님께 전갈을 보내 빨리 오셔서 고쳐 주시길 간청했습니다. 마르다는 예수님이 병자 고치시는 기적을 많이 보았기 때문에, 예수님이 오시기만 한다면 자기 오빠가 죽지 않을 거라고 믿었습니다.

그러나 예수님은 제때 오시지 않았고, 결국 나사로는 죽었습니다. 예수님이 도착하셨을 때는 나사로가 죽은 지 이미 사흘이나 지나 있었습니다. 마르다는 예수님이 왜 나사로를 죽게 내버려 두셨는지 이해할 수 없었습니다. 예수님이 나사로를 사랑하셨던 것은 분명한데, 왜 그를 죽게 두셨는지 의문이 가득했던 것입니다.

그런 상태에서 예수님은 "나는 부활이요 생명이니 나를 믿는 자는 죽어도 살겠고"라고 말씀하시며, 나사로가 묻힌 곳으로 안내하라고 하십니다. 그리고 무덤에 이르러 인류 역사에 영원히 기록될 사건을 행하셨습니다.

오늘날 이런 일이 공개적으로 벌어졌다면 세상은 아마 발칵 뒤집혔을 것입니다. 나사로가 죽은 지 사흘째 되는 날, 더운 지방이라

시신에서는 썩은 냄새가 날 정도로 나사로의 죽음은 확실했습니다. 그런데 예수님이 무덤 앞에 서서 큰 소리로 "나사로야, 나오라!" 하고 외치셨습니다. 사람들은 모두 놀라고 당혹스러워하며 그 상황을 지켜보았습니다. 그리고 마침내 믿기 어려운 일이 벌어졌습니다. 죽은 지 사흘이나 된 나사로가 붕대를 감은 채 무덤에서 나온 것입니다.

이 장면은 단순히 이야기를 듣듯 넘기기에는 너무도 경이로운 사건입니다. 그 현장에 있었다면 긴장감과 전율은 말로 표현할 수 없었을 것입니다. 그러나 이 모든 상황은 예수님이 "나는 부활이요 생명이다"라고 말씀하신 것을 드러내기 위해 벌어진 일입니다. 예수님은 이 사건을 통해 자신이 진정 부활과 생명임을 밝히신 것입니다.

예수님은 이전에도 야이로의 딸과 나인성 과부의 아들을 살려내신 적이 있습니다. 성경에는 예수님이 죽은 자를 살려내신 세 가지 사건이 기록되어 있습니다. 그러나 나사로의 사건에서는 단순히 기적을 베풀어 죽은 나사로를 살리는 분으로 자신을 드러내신 것이 아닙니다. 여기서 예수님은 자신을 "부활이요 생명이다"라고 하시며, 자신이 부활과 생명 그 자체로서 이 일을 행하고 있음을 계시하신 것입니다.

부활, 기독교의 핵심 진리

그렇다면 "나는 부활이요 생명이다"라는 말씀은 구체적으로 무엇을 뜻할까요? 이 말씀의 배경 속에서 기본적으로 이해할 수 있는 사실은, 예수님에게 죽음을 넘어서는 능력이 있다는 것입니다. 죽음을 정복하고 죽음을 초월하게 만드는 대답이 바로 예수님께 있다는 사실입니다. 이것은 결국 죽음이 모든 것의 끝이 아니며, 우리가 부활이요 생명이신 예수 그리스도와 관계를 맺을 때, 우리 또한 그분을 통해 죽음 이후의 새로운 과정으로 나아가게 됨을 보여 줍니다.

이 메시지에는 엄청난 내용이 담겨 있습니다. 이것은 기독교만이 가진 진리입니다. 예수님이 이 땅에 오시기 전에도 헬라철학이나 여러 종교에 영혼불멸설 같은 사상이 있었습니다. 그러나 이 세상에서 부활을 외치는 종교는 오직 기독교뿐입니다.

예수님이 이 말씀을 하신 후 사이비 종교나 이단들이 사후 세계를 말하며 부활의 개념을 차용하긴 했지만, 그전까지 부활을 말한 사람은 아무도 없었습니다. 부활은 예수님이 최초로 말씀하신 것입니다. 무엇보다 예수 그리스도의 부활은 사도들이 목격했고, 1세기 교회에서 증거되었습니다. 그리고 이 부활의 메시지는 기독교를 다른 종교나 사상과 구분 짓는 독특한 진리가 되었습니다.

한편 힌두교의 윤회사상이 있는데, 이는 사실 그보다 더 오래된 바벨론 지역의 순환론에서 비롯되었습니다. 이 순환론은 뱀이 허물을 벗거나, 달과 해가 돌고 도는 자연의 주기를 보고 생겨난 사상입니다. 이후 그것이 발전하여 윤회사상이 되었지만, 이는 단순히 개념의 영역에 머물러 있을 뿐 고유한 인격체로서 부활은 없었습니다.

그러나 예수 그리스도께서는 부활을 말씀하시고, 나사로의 사건을 통해 가시적으로 확인할 수 있는 하나의 실례로 부활을 보여 주셨습니다. 이는 단지 하나의 사건을 설명하기 위함이 아니라, 예수님이 말씀하신 부활과 생명이 바로 우리를 위한 것임을 선포하신 것입니다. 그렇게 생각하면 이 말씀은 정말 놀라운 말씀입니다. 죽음을 피할 수 없는 우리 인생의 관점을 완전히 뒤바꾸는 것이며, 인생의 전망을 새롭게 열어 주는 메시지입니다. 예수님은 자신이 사랑하신 마르다와 마리아, 나사로와의 관계 속에서 이 말씀을 하셨듯, 오늘날에도 우리와의 관계 속에서 동일한 말씀을 하십니다.

● 부활과 생명의 세 지평

"나는 부활이요 생명이다"라는 말씀이 어떻게 나를 위한 말씀이 되는 것일까요? 이 말씀은 예수 그리스도를 믿는 자에게는 세 가지 면에서 깊은 관련이 있습니다.

첫째, 영적인 부활과 생명

예수 그리스도를 믿고 그와 연합한 자는 영적인 면에서 부활과 생명을 경험합니다. 요한복음 5장에서 예수님은 "죽은 자들이 하나님의 아들의 음성을 들을 때가 오나니 곧 이 때라 듣는 자는 살아나리라"(요 5:25)고 말씀하셨습니다. 이는 예수님이 육신으로 계실 때 그의 말씀, 곧 하나님의 말씀을 통해 영적인 생명이 되살아나는 것을 가리킵니다. 이는 이 땅에서 영적으로 죽은 상태에 있던 사람이 살아나는 것, 다시 말해 거듭남을 경험하는 것을 말합니다. 예수 그리스도를 믿는 자는 바로 이런 영적인 부활과 생명을 경험하게 됩니다.

누구든지 예수 그리스도를 믿고 그분과 연합하면 이러한 생명이 자신의 것이 됩니다. 그것도 일시적인 생명이 아닌 영원한 생명을 갖는 것입니다. 물론 구원의 서정과 교리적인 문제에 따라 세부적인 설명이 가능하지만, 기본적으로 예수 그리스도를 믿음으로 영적인 부활과 생명을 얻게 되는 것은 분명합니다.

이렇게 부활과 생명이신 예수님은 우리와 밀접한 관련이 있습니다. 그분은 우리 영혼을 죽음 가운데서 다시 살리셔서 생명을 주십니다. 예수 그리스도와 연합함으로써 죽은 영혼이 살아나는 거듭남을 경험했습니까? 이런 거듭남의 역사, 부활과 생명이신 예수 그리스도와 연합하여 얻는 생명은 결코 추상적인 이야기가 아닙니다. 이는 실제로 우리 삶 속에서 일어나는 사건이며, 매우 구체적인 변화입니다.

오늘날에는 하나님 믿는 것을 단순히 삶의 부가적인 요소처럼 여기는 태도가 만연합니다. 그런 사람들은 거듭난 신자로 보기 어렵습니다. 성경적으로 아무리 살펴보아도 그들이 참된 신자라고 생각하기는 어렵습니다. 부활이요 생명이신 예수 그리스도를 믿는 자에게는 분명히 '살아남'이 있기 때문입니다. 이 '살아남'은 단순한 관념이 아닙니다. 죽은 아이와 살아 있는 아이를 비교해 보십시오. 완전히 다릅니다. 영안실에 누워 있는 시신과 아무리 병약한 사람이라도 살아 있는 사람은 근본적으로 다릅니다. 이처럼 살아 있음과 죽어 있음 사이에는 현격한 차이가 있습니다.

우리는 예수님이 "생명이요 부활"이라 하지 않고 "부활이요 생명"이라고 말씀하신 순서를 유념해야 합니다. 이는 죽은 상태에서 살아나는 일, 즉 부활이 있어야만 비로소 그리스도의 생명을 누릴 수 있다는 뜻입니다. 이 생명은 오직 예수 그리스도를 믿음으로써만 얻을 수 있습니다. 이는 절대적인 진리입니다.

둘째, 육체적 부활과 생명

예수 그리스도를 믿고 그와 연합한 자는 육체적으로도 부활과 생명을 경험합니다. 예수님이 말씀하신 "부활이요 생명"이라는 선언은 단지 영적인 차원에서만 의미가 있는 것이 아닙니다. 육체적인 면에서도 관련성이 있습니다.

예수님은 "나는 부활이요 생명이니 나를 믿는 자는 죽어도 살겠고"(25절)라고 말씀하셨습니다. 이는 단순히 비유적인 표현이 아니라, 실제로 죽었어도 다시 살게 될 것을 말씀하신 것입니다. 그 증거로 예수님은 썩은 냄새가 날 정도로 죽어 있던 나사로를 무덤에서 불러내 다시 살리셨습니다. 나사로는 육체적으로 죽음을 이기고 생명을 얻는 경험을 한 것입니다. 예수님은 이전에도 야이로의 딸과 나인성 과부의 아들을 살리심으로 이러한 생명의 능력을 보여 주셨습니다. 따라서 예수님이 "나는 부활이요 생명"이라고 말씀하신 것은, 그를 믿는 자는 육체적으로도 살아나고 하나님의 생명을 얻게 하신다는 것을 내포하고 있습니다.

그러나 이 말씀을 오해해서는 안 됩니다. 많은 사람이 이 말씀을 오해하여 잘못된 행동으로 이어지는 경우가 있습니다. 오래전 들은 이야기 중에, 큰 교회의 신실한 부부 중 한 사람이 죽은 가족의 시신을 집에 두고 부활을 기다리며 기도했다는 사례가 있습니다. 이 부부는 교회에서 말씀을 잘 배우고 제자훈련을 했는데도 이런 오해에 빠졌습니다. 예수님이 부활이요 생명이라고 말씀하신 것을 문자적으로 받아들여, 이 세상에서 죽은 자가 곧바로 살아날 거라고 기대한 것입니다.

이 같은 잘못은 종종 이단이나 신앙에 열심을 가진 일부 신자들 사이에서 발생합니다. 그러나 이것은 예수님 말씀의 본질을 완전히 오해한 것입니다. "죽어도 살겠고"라는 말씀은 이 세상에서 죽은 모든 사람이 곧바로 살아날 거라는 뜻이 아닙니다. 예수님은 이 말씀을 통해 자신이 "부활이요 생명"임을 강조하고 있을 뿐입니다. 예수님은 부활과 생명의 주인이기에 나사로처럼 죽은 자를 다시 살릴 능력이 있으십니다. 그러나 이것은 모든 사람이 나사로와 동일한 방식으로 이 땅에서 부활을 경험할 거라는 뜻이 아닙니다. 예수님이 강조하시는 것은 자신이 바로 부활과 생명이며, 죽음을 이기고 생명을 줄 수 있다는 사실입니다.

이 말씀을 오해하는 사람들은 단지 "죽어도 살겠고"에 자신의 욕망과 기대를 투영합니다. 예수님이 강조하신 것은 죽은 나사로가 살아난 일 자체가 믿는 자들에게 반복될 수 있다는 것이 아닙니다. 이 말씀의 강조점은 그런 일을 가능하게 하는 예수님의 존재와 그분의 능력에 있습니다. 예수님은 부활과 생명으로서 죽음을 초월한 생명의 근원임을 드러내시며 자신의 주권을 강조하신 것입니다.

셋째, 영원한 부활과 생명

부활과 생명이신 예수님은 죽은 자를 살릴 수 있는 능력을 소유하셨지만, 이 땅에서 육체적인 부활이 일어나고 생명을 갖도록 하는 일을 일반적으로 행하지는 않으셨습니다. 예수님이 말씀하신 부활과 생명의 궁극적인 의미가, 단순히 한 번 살아났다가 다시 죽는 일로 국한되지 않기 때문입니다. 예수님은 죽음 자체를 완전히 정복하고, 그것을 넘어서는 부활과 생명까지 말씀하신 것입니다. 이는 더 이상 사망의 그림자가 없는 영원한 생명을 말합니다.

그런 점에서 예수 그리스도를 믿고 그와 연합한 자는 영원한 부활과 생명을 경험하게 됩니다. 예수님께서 "나는 부활이요 생명이다"라고 말씀하신 것은, 자신이 죽음에서 부활하여 영원한 상태에 이르셨듯, 믿는 자들에게도 그와 같은 부활과 생명을 주시겠다는 약속입니다. 이는 단지 나사로의 부활 같은 일시적인 사건에 머물지 않고, 궁극적으로 영원히 죽음을 넘어서는 생명으로 나아가게 할 것을 말씀하신 것입니다. 예수님은 죽음을 넘어서는 부활의 주인이시며, 자기를 믿는 자들을 영원한 생명에 참여하게 하십니다.

이 진리는 고린도전서 15장에서 바울의 설명으로도 확증됩니다. 바울은 "이제 그리스도께서 죽은 자 가운데서 다시 살아나사 잠자는 자들의 첫 열매가 되셨도다"(고전 15:20)라고 선언합니다. 또 "나팔 소리가 나매 죽은 자들이 썩지 아니할 것으로 다시 살아나고 우리도 변화되리라"(고전 15:52)고 말하면서, 믿는 자들이 썩지 않을 몸을 입고 영원한 생명을 누리게 될 것을 증언합니다. 이 부활과 영원한 생명은 예수님을 믿는 모든 사람에게 보장된 약속입니다.

따라서 "나는 부활이요 생명이다"라는 말씀은 단순히 나사로의 부활 같은 사건을 설명하는 것이 아니라, 그를 믿는 모든 자를 죽음을 넘어 영원한 생명으로 나아가게 하시는 예수님의 존재와 능력을 드러낸 선언입니다. 이것이야말로 예수님의 'I am' 선언 중 절정에 이르는 말씀입니다.

죽음은 누구에게나 다가옵니다. 죽음은 우리가 가장 두려워하는 대적이기도 합니다. 지금 건강하더라도 오늘 죽음을 맞이할 수 있다는 통보를 받으면 우리의 모든 것이 달라질 것입니다. 더군다나 죽음 이후에 대한 확신이 없다면 두려움은 이루 말할 수 없을 것입니다. 이 말씀은 그분과 그의 약속을 믿는 자들에게는 더 이상 죽음이 끝이 아니며, 죽음의 그림자가 지배할 수 없음을 보증합니다. 사망이 아무리 강력하게 우리 앞을 가로막는다 해도, 부활과 생명이신 예수님은 그 사망을 지나 우리를 다시 살게 하시고, 영원한 생명으로 인도하실 것입니다.

죽음이라는 거대한 장벽 앞에 선 인간에게 이보다 더 귀한 소식은 없습니다. 죽음의 현실을 마주해야 하는 우리에게, 육체의 썩음을 피할 수 없는 우리에게, 예수님은 부활과 생명으로서 자신을 드러내셨습니다. 단순히 죽음을 한 번 극복하는 것이 아니라, 죽음이 영원히 없는 영화로운 상태로 우리를 인도하실 것입니다. 예수님은 자기의 부활을 통해 이를 증거하시며, 나사로의 부활 사건을 통해 일종의 예시를 보여 주셨습니다. 따라서 "나는 부활이요 생명이다"라는 말씀은 우리에게 가장 확실하고 생생한 메시지이며 소망을 주는 선언입니다.

부활과 생명이신 예수님은 사망의 그림자 속에 있는 우리에게 영원한 생명과 영화로운 몸을 보장하시는 분입니다. 그분이 "나는 너희를 위한 부활과 생명이다"라고 말씀하셨기 때문입니다. 예수님이 계신다는 사실만큼 위로가 되고 기쁨이 되는 것은 없습니다. 우리는 예수님이 함께하신다는 사실을 믿으며 이렇게 고백할 수 있어야 합니다. '제게는 부활과 생명이신 예수님이 계십니다. 그것이 제 전부입니다. 그것이 제게는 힘이며 위로이며 기쁨입니다.'

● 부활의 생명이 약동하는 삶

예수님이 이 말씀을 하신 것은 단지 영원한 부활만을 의미하신 것이 아닙니다. 이것은 우리의 신앙 여정과도 깊은 관련이 있습니다. 종종 우리의 신앙생활은 맥빠지고 침체되며 어둠의 그림자가 드리우는 것처럼 느껴질 때가 있습니다. 그러나 부활과 생명이신 예수님은 그러한 상황에서도 생기와 생명을 주십니다.

기독교 신앙은 단순히 심신 수련을 하는 종교가 아닙니다. 그 안에는 생기와 생명, 능력이 역동하고 있습니다. 성경에 기록된 믿음의 사람들 특히 초대 교회의 신자들을 보면, 그들은 예수 그리스도의 생명이 약동하는 삶을 살았습니다. 고난 중에도 그 생명으로 인내하고 믿음으로 나아갔으며, 심지어 기쁨 가운데 고난을 견뎌냈습니다. 그것은 결코 이론적이거나 사변적인 것이 아니었습니다. 바울은 감옥에서 빌립보서를 쓰며 이렇게 고백합니다. "내가 그리스도와 그 부활의 권능과 그 고난에 참여함을 알고자 하여 그의 죽으심을 본받아 어떻게 해서든지 죽은 자 가운데서 부활에 이르려 하노니"(빌 3:10-11).

여기서 바울은 부활에 대해 두 가지 사실을 언급합니다. 하나는 '장래의 부활'이며, 다른 하나는 '부활의 권능'입니다. 여기서 바울이 부활의 권능을 말한 것은, 주님의 뜻을 따라 신앙의 여정을 감당하는 동안 자신의 삶 속에서 부활의 생명력을 경험하기 바란다는 뜻이었습니다. 부활의 권능이란 살아나는 능력입니다. 소생하고 생기를 더하며, 역동적으로 움직이는 생명의 역사를 말합니다. 바울은 예수님을 믿는 자로서 이러한 부활의 생명력을 통해, 고난을 인내하고 믿음으로 나아가기를 소망했던 것입니다. 우리도 부활과 생명이신 예수님이 주시는 생명의 능력을 힘입어 신앙생활을 인내하며, 기쁨 가운데 걸어가야 합니다.

● 지금 이곳에서 누려야 할 부활의 생명

마르다는 나사로의 죽음으로 깊은 슬픔에 잠겨, 예수님의 말씀을 믿음으로 온전히 받아들이지 못했습니다. 마르다는 신앙 지식이 제법 있었지만, 그 신앙은 생동감 없이 죽어 있었습니다. 요한복음 11장 21절에서 "주께서 여기 계셨더라면 내 오라버니가 죽지 아니하였겠나이다"라고 말하며, 예수님을 시공간적으로 제한하는 잘못된 신앙 지식에 머물러 있었습니다.

이는 오늘날에도 흔히 볼 수 있는 신앙의 모습입니다. 마르다는

22절에서 "이제라도 주께서 무엇이든지 하나님께 구하시는 것을 하나님이 주실 줄을 아나이다"라고 말하며, 예수님을 믿는 듯한 고백을 합니다. 그러나 예수님이 "네 오라비가 다시 살아나리라"(23절)고 말씀하시자, "마지막 날 부활 때에는 다시 살아날 줄을 내가 아나이다"(24절)라고 답하며 여전히 현재와 동떨어진 신앙을 보입니다. 미래의 부활을 알고 믿는 듯했지만, 부활이요 생명이신 예수님이 지금 자기 앞에 계시다는 사실과는 연결하지 못했습니다.

마르다의 신앙은 과거와 미래만을 언급하며 예수님의 현재성을 놓치고 있었습니다. 부활이요 생명이신 예수님이 바로 옆에 계셨음에도, 마르다의 신앙은 예수님을 현재적으로 붙들지 못한 것입니다. 이것이 마르다 신앙의 핵심적인 문제였습니다.

오늘날에도 마르다 같은 신앙 태도를 가진 사람들이 있습니다. 성경에 기록된 대로 과거에 하나님이 놀랍게 역사하셨음을 믿고, 미래에 천국과 부활의 소망을 가진다고 말하지만, 현재 예수님이 부활이요 생명이 되어 역사하시는 것을 믿지는 못합니다. 그래서 그들의 신앙은 현재적인 생기와 능력을 결여한 채 메마르고 죽은 상태와 같습니다.

예수님은 단지 과거와 미래의 주님이 아니라, 현재에도 우리와 함께하시는 부활과 생명이십니다. 우리의 신앙과 삶 속에서 무너진 마음을 일으키시고, 그리스도의 뒤를 따를 수 있는 힘과 능력을 주시는 분입니다. 그러므로 예수님이 현재적으로 우리의 부활과 생명이심을 믿고 의지해야 합니다.

　마르다 같은 상태에 있는 사람은 현재의 낙심과 절망 속에 머물러 있습니다. "마지막 날에는 구원받겠지만 지금은 너무 힘듭니다"라며 현재 상황에서 벗어날 희망조차 잃고 있습니다. 그러나 예수님은 오늘도 우리의 영혼을 소생시키고, 신앙의 담대함과 고난 중에 기쁨을 주십니다. 예수님이 "나는 부활이요 생명이다"라고 말씀하신 것은 단지 미래의 부활과 생명만 약속하신 것이 아니라, 지금 이 순간에도 생기와 능력을 주시겠다는 선언입니다.

　우리는 과거에 우리 영혼을 살리신 예수님을 경험했고, 미래에 육체적인 부활과 영원한 삶을 약속하신 예수님을 믿습니다. 그러나 그것과 함께 현재에도 우리의 신앙과 삶 속에서 부활과 생명이신 예수님을 경험하고 확신해야 합니다.

　예수 그리스도는 현재와 미래에 우리의 생명을 주관하실 뿐 아니라, 지금 우리의 영혼을 소생시키시고 그리스도의 뒤를 온전히 좇아갈 수 있도록 힘과 능력을 주십니다. 그분을 믿고 의지하며, 부활과 생명이 우리의 전 삶에 나타날 수 있음을 확신해야 합니다.

　예수님은 과거와 미래의 주님이실 뿐 아니라, 지금 이 순간에도 동일하십니다. 본문에서 "네가 믿느냐"는 주님의 물음은 현재 이 사실을 믿는지 물으시는 것입니다. 예수 그리스도가 지금도 우리의 부활과 생명이 되심을 믿으십시오. 오늘, 내일, 그리고 우리가 임종하는 날에도 예수님은 변함없이 우리의 부활과 생명이 되십니다.

길이신 주님(1)

"예수께서 이르시되 내가 곧 길이요 진리요 생명이니 나로 말미암지 않고는 아버지께로 올 자가 없느니라" _요 14:6

● 남겨질 자들을 위한 말씀

　　　　　　예수님은 스스로 "나는 길이다"라고 말씀하십니다. 길은 우리에게 매우 익숙하면서도 중요한 대상입니다. 차를 타고 갈 때나 걸어갈 때 길을 따라서 움직입니다. 나아가거나 돌아갈 길이 없을 때, 길을 잃을 때 매우 두렵고 위험합니다. 우리에게 길은 그만큼 중요합니다. 예수님이 자신을 가리켜 "나는 길이다"라고 하신 것은, 자신이 우리에게 얼마나 중요한지를 일러주신 말씀입니다.

　예수님이 이렇게 말씀하신 배경부터 살펴보겠습니다. 이것은 다소 무겁고 침울한 분위기 속에서 하신 말씀입니다. 요한복음 13장 후반부에서 예수님은 유다가 자신을 배신하여 팔 것을 예고하셨습니다. 그리고 제자들에게 그들을 떠나게 될 거라 말씀하셨습니다. 육신적으로 그들과 함께할 날이 많이 남지 않았음을 알리신 것입니다.

오랫동안 동고동락하며 사랑하고 교제해 온 사람을 떠나보내야 하는 상황은 마음을 무겁게 합니다. 함께 살아온 남편, 아내, 자식, 형제나 어릴 적부터 함께 지내온 사람을 떠나보내는 일 또는 사랑하고 존경하며 미래를 소망 속에 함께 바라보던 사람을 예상치 못한 때 떠나보내는 일은 큰 슬픔과 공허함을 안겨 줍니다.

제자들은 바로 그런 상황에 처해 있었습니다. 예수님이 그들을 떠나 더 이상 지금처럼 그들과 함께하지 않을 거라고 말씀하셨을 때, 그들은 당황스럽고 혼란스러웠습니다. 제자들은 예수님을 단순히 사랑하고 존경하는 것을 넘어, 세상의 구원자요 메시아로서 그분이 행하시는 기적과 전하시는 말씀을 통해 그분의 신성을 경험해 왔습니다. 비록 구원에 대한 그들의 이해가 십자가 사건 후에 더욱 선명해졌지만, 당시 제자들은 부족한 이해 속에서도 예수님을 통해 놀라운 미래를 소망하며 그분을 따랐습니다. 더욱이 예수님은 많은 신적인 행동을 보여 주셨습니다. 그러한 것을 경험하며 제자들은 앞으로 예수님과 더 큰 일을 이룰 거라는 기대를 품고 있었습니다.

그런 그들에게 예수님이 갑작스럽게 말씀하신 작별은 큰 충격이 아닐 수 없었습니다. 이것은 단순한 당혹스러움을 넘어, 그들의 마음을 심히 어지럽히고 무겁게 하는 것이었습니다. 이러한 상황에서

"나는 길이다"라고 말씀하신 것은, 철학적이거나 관념적인 말이 아니라 그들에게 소망과 길을 제시해 주시는 영적인 진리였습니다.

요한복음 13장 33절에서 예수님은 제자들을 "작은 자들아"라고 부르십니다. 주님은 제자들의 마음을 생각해 더 깊은 친밀함을 담아 부르신 것으로 보입니다. 그러면서 "내가 아직 잠시 너희와 함께 있겠노라 너희가 나를 찾을 것이나 일찍이 내가 유대인들에게 너희는 내가 가는 곳에 올 수 없다고 말한 것과 같이 지금 너희에게도 이르노라"(요 13:33)고 말씀하십니다. 그리고 "새 계명을 너희에게 주노니 서로 사랑하라 내가 너희를 사랑한 것 같이 너희도 서로 사랑하라 너희가 서로 사랑하면 이로써 모든 사람이 너희가 내 제자인 줄 알리라"(요 13:34-35) 말씀하셨습니다.

이 말씀의 내용은 아름답지만 상황과 분위기를 보면, 마치 부모가 세상을 떠나기 전 자녀들에게 평소 말하지 못한 사랑의 마음을 전하는 것과 비슷합니다. 제자들 안에 서먹했던 관계를 두고 '이제부터 서로 사랑하며 지내라'고 당부하는 듯한 느낌입니다.

● 우리를 잘 아시는 주님의 말씀

이러한 말씀을 들은 제자들은 놀라고 당황했을 것입니다. 그들은 혼란과 근심에 휩싸였습니다. 예수님은 그들의 마음을 아시고 "너희는 마음에 근심하지 말라"(요 14:1)고 말씀하십니다.

그러나 이 말씀 전에 베드로가 끼어들었습니다. 근심과 불안을 참지 못하고 특유의 성급함으로 "주여 어디로 가시나이까"(요 13:36) 하고 묻습니다. 이에 예수님은 "네가 지금은 따라올 수 없으나"(요 13:36)라고 말씀하십니다. 베드로는 "주여 내가 지금은 어찌하여 따라갈 수 없나이까 주를 위하여 내 목숨을 버리겠나이다"(요 13:37)라고 말합니다.

그러자 예수님은 뜻밖의 말씀을 하십니다. 베드로가 예수님을 세 번 부인할 것을 예고하신 것입니다. 베드로는 목숨까지 버리겠다는 강력한 의지를 보였지만, 예수님은 그 의지가 현실의 시험 앞에서 무너질 것을 아셨습니다. 이는 인간의 연약함을 암시하는 동시에, 예수님을 따르는 길이 우리의 의지만으로 갈 수 있는 길이 아님을 보여 줍니다.

예수님은 베드로가 예수님을 부인할 것을 미리 아셨습니다. 그럼에도 그러한 베드로를 붙드실 것을 미리 암시하셨습니다. 이처럼 예수님은 우리의 연약함과 결핍, 변덕을 모두 알면서도 그 모든 것을 감싸안으십니다. 그렇게 우리가 갈 수 있는 길을 마련하신 분이 바로 예수님입니다. "내가 길이다"라는 말씀은, 예수님 자신이 길이 되어 우리가 그 길을 갈 수 있게 하신다는 의미를 담고 있습니다.

이 말씀은 제자들에게 큰 위로가 됩니다. 주님은 제자들에게 "너희가 내 길을 따르는 것은 너희의 의지만으로 되는 것이 아니다. 내가 너희를 붙들고, 내가 길이 되기 때문에 너희가 그 길을 갈 수 있는 것이다"라고 말씀하신 것입니다.

이는 우리에게 얼마나 큰 위로가 되는지 모릅니다. 우리는 몹시 변덕스럽습니다. 수련회 가서 은혜를 충만히 받았다가도 일상으로 돌아와 화 한 번 내고 혈기라도 부리게 되면, '그동안 받은 은혜는 무엇이었나?'라며 자책하는 일이 비일비재합니다. 심지어 그러한 괴로움과 자책 속에서 자신을 죽이는 듯한 마음에 사로잡히기도 합니다.

이러한 연약함과 실수를 올바르게 받아들이는 것은 매우 중요합니다. 다시 말해, 실수했으면 회개하면 됩니다. 그 실수 때문에 받은 은혜마저 잃어버리면 안 됩니다. 주님은 우리의 연약함과 실패를 모두 아시고도 우리를 인도하시고 길이 되어 주겠다고 말씀하십니다. 그러니 실수와 실패를 두려워할 필요가 없습니다. 오히려 우리의 실수와 실패로 예수님이 더욱 영광스럽고 은혜로운 분으로 보여야 합니다. 그리고 그런 주님을 더욱 의지해야 합니다. 예수님은 변덕스러운 우리가 그분의 뒤를 따르는 것은 우리의 힘과 의지로 되는 것이 아님을 아십니다. 예수님을 따르는 일은, 우리를 이끌고 붙드시는 길 되신 주님에 의해서만 가능하다는 사실을 말씀하신 것입니다.

● 나는 길이니 나를 믿으라

사람은 의지력만으로 믿음을 온전히 유지하기 어렵습니다. 물론 의지력만으로 꾸준히 신앙생활을 하는 사람도 있겠지만, 그 의지력만으로는 신앙의 깊은 진보를 이루지 못합니다. 넘어지고 흔들리는 일이 허다합니다. 신앙은 의지만으로 유지되는 것이 아닙니다.

그렇기에 베드로처럼 말을 앞세우기보다, 이런 말씀을 하시는 주님을 잘 이해해야 합니다. 길 되신 예수님을 바라보아야 하며 그분을 의지해야 합니다. 잘할 때나 연약하여 넘어질 때나 언제나 주님을 의지해야 합니다. 우리의 연약함을 아시고도 붙들어 주시는 주님을 더욱 신뢰해야 합니다.

베드로가 "내가 가는 곳에 네가 지금은 따라올 수 없으나"(요 13:36)라는 말씀을 들었을 때, 다른 제자들도 그 말을 함께 들었습니다. 그들은 모두 큰 혼란과 근심에 빠졌습니다. 이런 상황에서 예수님이 그들에게 말씀하십니다. "너희는 마음에 근심하지 말라 하나님을 믿으니 또 나를 믿으라"(요 14:1).

이 말씀은 불안과 근심 속에서 미래에 대한 두려움으로 허우적대는 제자들에게 주신 주님의 위대한 권면입니다. 예수님은 그들에게 하나님을 신뢰하고 또 예수님을 신뢰하라고 말씀하십니다. 이것은 단순히 이론적인 믿음을 요구하시는 것이 아닙니다. 그들은 지금까지 예수님과 함께하며 아무 걱정 없이 따라왔는데, 이제 예수님이 떠나신다고 하니 그들의 마음이 방향과 초점을 잃고 흔들린 것입니다. 이런 순간에 예수님은 "나를 신뢰하라. 하나님을 신뢰하고 나를 신뢰하라"고 말씀하십니다.

이렇게 반문할 수도 있습니다. "떠나겠다고 하시면서 신뢰하라니, 현실적인 답은 주지 않고 떠나시면서 신뢰하라니 너무 비현실적인 말씀 아닙니까?" 앞이 막막하고 무엇을 해야 할지 모르는 상황에서 구체적이고 현실적인 대안을 주기보다 "하나님을 신뢰하라. 나를 신뢰하라" 하시니 답답하게 느껴질 수도 있습니다.

그러나 이 말씀에는 중요한 진리가 담겨 있습니다. 주님을 신뢰하라는 것은, 우리의 상황과 현실을 넘어 그분이 스스로 길이 되어 우리를 이끌어 가신다는 약속을 믿으라는 것입니다. 우리 눈에는 비현실적으로 보일지라도, 그 믿음이야말로 가장 현실적이고 확실한 길이라고 말씀하신 것입니다.

그러나 이렇게 질문할 수도 있습니다. "정신이 멍하고 현실은 답답하고 암담한데 거기서 하나님을 신뢰하라니, 그게 어떻게 현실적인 대안이 될 수 있습니까? 눈에 보이지 않는 하나님을 신뢰하라는 것이 이런 상황에서 답이 될 수 있습니까?" 이 질문에 예수님이 곧바로 답을 덧붙이십니다. "내가 너희를 위하여 거처를 예비하러 가노니 가서 너희를 위하여 거처를 예비하면 내가 다시 와서 너희를 내게로 영접하여 나 있는 곳에 너희도 있게 하리라"(요 14:2-3).

물론 제자들은 이 대답이 현실적이지 않다고 느꼈을 것입니다.

그러나 예수님은 현재의 근심을 넘어서는 궁극적인 해답을 제시하셨습니다. 제자들에게 있어 예수님이 떠난다는 것은 큰 불안과 혼란을 주는 일이었습니다. 그들은 예수님이 곁에 있으면서 보여 주신 기적과 말씀에서 안정을 느꼈는데, 이제 떠나신다니 미래가 불확실하게 느껴졌을 것입니다. 그러나 예수님은 "나를 신뢰하라"고 말씀하시며, 더 확고한 미래를 준비하러 간다고 약속하셨습니다.

여기서 한 가지 질문을 던져보겠습니다. 일반적으로 사람들은 무엇을 미래에 대한 보장으로 삼을까요? 누군가는 보험을 떠올릴 것이고, 또 어떤 사람은 부동산이나 주식 등 여타의 재산을 미래의 보장으로 여길 것입니다. 주님은 제자들에게 이런 세속적인 대답을 하시지 않았습니다. 제자들은 예수님이 현실적으로 자신들과 함께 있으면서 그들의 모든 문제를 해결해 주기를 기대했을지 모릅니다. 그러나 예수님은 영원한 미래를 예비하러 간다고 말씀하셨습니다. 이 말씀은 생소하고 당황스러울 수 있지만, 깊이 생각해 보면 정말로 중대한 의미를 담고 있습니다. 우리에게 영원한 안정에 대해 말씀하시기 때문입니다. 단순히 몇십 년의 안정이 아니라 영원히 지속될 하늘의 거처를 준비하러 가신다는 것입니다. 그러니 근심하지 말고 하나님을 신뢰하라는 것입니다.

그러면서 덧붙이십니다. "내가 어디로 가는지 그 길을 너희가 아느니라"(요 14:4). 이때 도마가 질문합니다. "주여 주께서 어디로 가시는지 우리가 알지 못하거늘 그 길을 어찌 알겠사옵나이까"(요

14:5). 예수님이 이미 아버지 집에 거처를 예비하러 간다고 말씀하셨는데도, 도마는 여전히 혼란스러워하며 그 길을 이해하지 못했습니다.

이러한 도마의 반응은 오늘날 우리에게 익숙한 모습입니다. 목사가 아무리 열정적으로 설교해도 잘 이해하지 못하는 경우가 많습니다. '참 열심히 말씀하시네, 그런데 뭐 어쩌라는 건지….' 목사의 넥타이 색이나 옷차림에만 관심을 두고, 정작 설교 내용은 듣지 않는 이들도 있습니다. 도마의 질문은 바로 이런 상황을 떠올리게 합니다.

● 신뢰를 가로막는 자기중심적인 관점

왜 하나님의 말씀을 듣고도 이해하지 못하는 사람이 있는 걸까요? 그 이유를 두 가지로 설명할 수 있습니다. 첫째, 영적 눈이 어두운 경우입니다. 거듭나지 않았기 때문에 하나님의 말씀이라는 영적인 진리가 세상적인 지식과 다르게 느껴지고 전혀 이해되지 않는 것입니다. 둘째, 자기 관점에서만 말씀을 듣기 때문입니다. 도마처럼 자신의 경험이나 욕심, 욕구에 따라 하나님의 말씀을 받아들이다 보면 말씀의 진정한 의미를 놓칠 수 있습니다. 교회 안에 이런 사람들이 적지 않습니다. 도마의 질문 역시 이런 맥락에서 이해할 수 있습니다. 그는 예수님의 말씀을 듣고도 자기의 기준과 관점으로만 해석하다 보니 혼란스러웠던 것입니다.

주님은 제자들에게 미래를 준비하러 떠난다고 말씀하시며, 그들의 계획과 소망을 단번에 깨뜨리셨습니다. 그러면서 근심하지 말라고, 아버지 집에 많은 거처가 있다고 말씀하셨습니다. 그곳으로 제자들을 이끌겠다고 하시며 자신이 가는 길을 이미 제자들이 안다고 말씀하셨지만, 도마를 비롯한 제자들에게는 이 모든 말씀이 현실적이지 않고 막연하게만 느껴졌습니다.

도마는 이에 대해 묻습니다. "도대체 무슨 길을 말씀하시는 겁니까? 그 모든 것이 어떻게 가능하다는 말입니까? 모든 게 뜬구름 잡는 소리처럼 들립니다." 이러한 도마의 반응은 똑똑하고 논리적인 것처럼 보이지만, 실제로는 하나님의 관점이 아닌 자신의 관점에서만 말씀을 이해하려고 한 것입니다. 이와 비슷하게 오늘날 교회 안에도 하나님의 말씀을 온전히 이해하지 못하면서 똑똑한 말과 현실적인 논리로 자신의 생각을 펼치는 사람들이 있습니다. 이런 사람은 하나님의 말씀을 자기 방식대로 해석하고 현실적으로 맞는지 아닌지만 따지며 말씀의 진리를 놓치는 경우가 많습니다.

주님이 말씀하신 관점에서 보면, 도마의 태도 같은 접근은 오히려 본질에서 벗어난 것입니다. 예수님은 제자들이 진정으로 원하는 미래의 안정과 보장, 그리고 그 모든 과정의 주체가 바로 자신임을 명확히 말씀하십니다. 요한복음 14장 2절과 3절에서 예수님은 "내가 너희를 위하여 거처를 예비하러" 간다 하시고, "내가 다시 와서 너희를 내게로 영접"하겠다고 말씀하십니다. 여기서 예수님은 미래를 보장하고 과정을 주도하는 분으로서 말씀하십니다. '내가 너희를 위해 준비하고, 내가 너희를 영접하며, 나 있는 곳에 너희도 있게 하겠다'는 말씀은 제자들에게 확고한 미래를 약속해 줍니다.

결국 예수님은 제자들에게 예수님을 신뢰할 것을 요구하셨습니다. "하나님을 믿으니 또 나를 믿으라"(요 14:1)는 말씀은 미래에 대한 근심과 불안을 이겨내는 열쇠로서 하나님과의 관계를 강조합니다. 그러나 도마는 주님을 신뢰하지 못하고 여전히 자기의 관점에서만 모든 것을 이해하려 했기에, 미래의 확실한 보장과 과정이 보이지 않았던 것입니다. 눈앞에 보이는 현실만 따졌기에 주님의 말씀을 뜬구름 잡는 이야기처럼 느끼며 답답해했던 것입니다.

이와 같은 모습은 오늘날에도 흔히 나타납니다. 교회 다니는 사람들 중에도 삶이 어렵고 불안할 때, 하나님의 말씀에 의지하기보다는 자기의 관점에서만 답을 찾으려는 이들이 많습니다. 이런 사람들은 하나님을 신뢰하라는 권면을 들으면 오히려 짜증을 내고 더 큰 좌절을 겪기도 합니다. 어떤 이들은 위로하는 사람에게 "내가 이렇게 힘든데, 하나님을 믿으라는 말이 더 화가 난다"고 말하기도 합니다.

그러나 주님의 답은 여전히 명확합니다. 현실적인 어려움 속에서 해결책을 찾으려면 우리의 관점을 내려놓고 하나님을 신뢰해야 합니다. 주님은 "하나님을 믿으니 또 나를 믿으라" 말씀하시며 모든 근심과 불안의 해답이 하나님께 있음을 상기시켜 주십니다. 비록 우리의 관점으로는 다 이해할 수 없을지라도 주님께서 미래를 준비하시고, 그 과정까지 주도하신다는 약속을 신뢰하는 것이 근심을 이기는 유일한 길입니다.

하나님을 신뢰하기보다 자신을 신뢰하며 자기중심적으로 살아간다면 실타래가 엉키는 것처럼 생각과 감정, 삶의 모든 것이 얽히게 됩니다. 이 상태에서는 판단이 혼란스럽고, 감정은 요동치며, 삶의 방향은 흐려집니다. 심지어 신앙생활조차 명확한 길을 걷지 못하는 듯한 느낌을 받을 수 있습니다.

이런 사람들에게 필요한 것은 자기의 관점과 의지, 자기가 붙들고 있는 것을 내려놓는 것입니다. 자신을 지탱해 온 잘못된 기초를 내려놓고, 오직 주님을 신뢰하는 것이 유일한 해답입니다. 그래서 시편 기자도 "여호와여 주의 도를 내게 보이시고 주의 길을 내게 가르치소서"(시 25:4)라고 고백한 것입니다.

● 어느 길이 나은가

"내가 곧 길이요 진리요 생명이니"라는 말씀은 하나님 아버지께 이르는 길이 오직 예수 그리스도를 통해서만 가능하다는 사실을 분명히 합니다. 잠언 14장 12절에는 "어떤 길은 사람이 보기에 바르나 필경은 사망의 길이니라"는 말씀이 있습니다. 눈에 좋아 보이고 성공적으로 보이는 길이라도 예수님 없이 가는 길이면 결국 사망에 이를 뿐입니다. 하나님을 제외하고 자신의 관점에서만 선택한 길은 아무리 타당하고 현실적으로 보여도 생명이 아닌 죽음으로 가는 길입니다.

주님은 생명으로 가는 길은 오직 예수 그리스도 자신임을 분명히 말씀하십니다. 그래서 우리의 존재와 삶의 길이 되신 예수 그리스도를 신뢰해야 합니다. 주님을 신뢰하지 않으면 길을 잃고 방황할 수밖에 없습니다. 인생의 방향, 신앙생활의 여정, 우리의 판단과 감정이 모두 흔들리고 혼란에 빠지게 됩니다. 그분은 우리가 혼란할 때 방향을 잡아 주시며, 방황할 때 생명으로 나아가도록 이끌어 주십니다.

기독교 신앙을 비현실적이라고 생각하는 사람이 있을지도 모릅니다. 그러나 기독교 신앙은 이 세상에서 가장 현실적인 신앙입니다. 다만 우리에게 익숙한 방식이 아닌 하나님의 방식으로 현실을 경험할 뿐입니다. 이스라엘 백성이 광야에서 40년 동안 매일 하나님이 내려주신 만나로 살아간 것을 떠올려 보십시오. 현실적으로 먹고사는 문제가 가장 중요한 상황에서, 하나님은 매일 그들에게 필요한 양식을 공급하셨습니다. 이는 사람이 떡으로만 살 것이 아니라 하나님의 말씀으로 산다는 것을 보여 준 사건이었습니다.

현실적인 문제를 스스로 해결하려 애쓰지 말고 눈을 돌려 하나님을 바라보십시오. 현실의 답답함에서 벗어나기 위해서는 하나님을 신뢰하고, 주님이 주도하시는 삶을 받아들이는 것이 필요합니다. 주님을 신뢰하지 않으면 근심은 해결되지 않습니다. 그러나 그분을 온전히 의지하면 우리의 길은 분명해지고 근심과 혼란은 사라집니다. 예수 그리스도를 전적으로 신뢰하는 것이 생명과 평안으로 가는 유일한 길입니다.

● 생명으로 가는 길, 아버지께 이르는 길

주님은 분명히 말씀하십니다. "내가 너희의 길이다. 너희를 위한 길이다." 어디로 가야 할지 몰라 헤매고 마음의 안정을 찾지 못할 때, 주님은 "내가 곧 길이다"라고 선언하십니다. 주님은 생명으로 가는 길이며, 하나님 아버지께 이르는 길이며, 우리의 감정적 혼란을 잠재울 수 있는 길입니다. 또 판단의 혼란 속에서 명확한 방향을 제시하는 길이 되십니다. 하나님은 우리를 위해 미래를 확실히 예비하고 이끌어 주시는 길로 자신을 제시하십니다.

요한복음 14장 2절과 3절에서 주님은 '내가 하겠다'고 약속하십니다. 주님은 우리의 모든 행로를 인도하는 길이시며, 궁극적으로 생명에 이르게 하는 길이십니다. 이 사실을 단순히 머리로만 아는 것이 아니라 현실적으로 믿어야 합니다.

예수님은 미래에 대한 불안 속에서 길을 잃고 헤매는 제자들에게, 그리고 현재 무엇을 해야 할지 몰라 방황하는 우리에게 말씀하십니다. "내가 곧 길이다." 이 말씀은 단지 위로에 그치는 것이 아니라 엄청난 약속입니다. 예수님은 우리를 위한 길이며, 우리를 영원한 생명으로 인도하는 길이십니다. 그 길은 단지 처음 생명을 얻는 데서 끝나지 않고, 생명의 길을 지속적으로 걸어가는 데 있어서도 유일한 길입니다. 주님은 현재의 행로에서도 우리의 길이 되시며, 우리를 영원한 생명에 이르게 하는 유일한 길이십니다.

이 진리를 완전히 믿고 받아들이는 데는 시간이 걸릴 수 있습니다. 우리의 본성은 현실을 신뢰하는 데 더 익숙하고, 답을 스스로 찾아내려는 습관에 젖어 있기 때문입니다. 우리는 늘 현실의 문제를 스스로 해결하려 애쓰고 근심하는 것을 반복하면서 혼란 속에서 끙끙대는 존재입니다. 그러나 주님은 이러한 우리의 한계를 아시고 자유의 길을 열어 주셨습니다. 바로 예수님 자신을 신뢰하라는 것입니다. 이 말씀을 믿으면 분명 그 혜택을 경험할 것입니다. 영원한 미래의 보장과 그 길을 가는 모든 과정의 안전은 오직 길 되신 예수 그리스도를 통해서만 가능합니다. 그러므로 길을 잃었다고 느낄 때마다, 구원의 길이 보이지 않거나 판단이 흐려질 때마다 예수 그리스도를 바라보십시오. 길이신 그분을 신뢰하십시오. 그분을 따를 때, 우리는 인생의 방향을 잃지 않고 영원한 생명에 이르게 될 것입니다.

길이신 주님(2)

"예수께서 이르시되 내가 곧 길이요 진리요 생명이니 나로 말미암지 않고는 아버지께로 올 자가 없느니라" _ 요 14:6

● 영원한 처소로 향하는 길

앞장에서 "내가 곧 길"이라는 말씀이 무슨 뜻인지 살펴보았습니다. 예수님은 자신을 하나님 아버지께 가는 유일한 길이요, 우리의 영원한 보장이 되는 분으로 밝히셨습니다. 이번 장에서는 앞장에서 언급한 내용을 바탕으로 좀 더 상세히 살펴보겠습니다.

예수님의 "나는 길이다"라는 말씀 속에는, 예수님이 떠나신 후 남은 제자들이 이 세상을 살다가 결국 하나님 아버지께 이를 것이라는 의미가 담겨 있습니다. 예수님이 말씀하신 '길, 진리, 생명'은 이 과정 전체를 포함합니다. 특별히 길은 이 땅에서 예수님을 믿고 따르는 자들이 주님이 예비하신 영원한 거처에 이르기까지의 여정을 의미합니다. 예수 그리스도를 믿고 따르는 우리에게는 예수님이 예비하신 영원한 처소에 이르고, 하나님 아버지의 품에 안기기까지의 여정이 남아 있습니다. 그 여정은 예수 그리스도와 함께해야 하고, 예수님이 그 여정의 모든 어려움에 대한 답이 되시기에, 예수님이 자신을 길로 묘사하신 것입니다.

길은 단순히 눈으로 보는 대상이 아닙니다. 걷든지 차를 타고 가든지, 그 위를 지나 목적지에 도달하기 위해 있는 것입니다. 특히 "내가 곧 길이요"에서 말하는 길은 하나님 아버지께 가는 영원한 길입니다. 이 길은 아무나 갈 수 없습니다. 물론 모든 사람이 결국 하나님 앞에 서겠지만, 여기서 예수님은 구원과 관련된 길을 말씀하고 계십니다. "나로 말미암지 않고는 아버지께로 올 자가 없느니라"고 말씀하셨듯, 이 길은 아무나 갈 수 있는 길이 아닙니다. 이 길은 예수님이 예비하신 영원한 처소로 나아가는 길입니다.

그러면 누가 이 길을 갈 수 있을까요? 이사야 선지자는 예언적으로 이렇게 말했습니다. "거기에 대로가 있어 그 길을 거룩한 길이라 일컫는 바 되리니 깨끗하지 못한 자는 지나가지 못하겠고 오직 구속함을 입은 자들을 위하여 있게 될 것이라"(사 35:8). 이 말씀은 구속함을 입은 자들만 예수님을 통해 하나님 아버지께 갈 수 있음을 분명히 보여 줍니다. 이는 예수 그리스도의 피로 죄 사함을 받은 자들만이 그 길을 걸을 수 있음을 의미합니다. 로마서 3장에서 바울이 말한 대로, 모든 사람은 죄를 범하였으므로 누구도 하나님의 영광에 이를 수 없습니다. 하나님께 나아가는 길에 들어설 수도 없고, 그 길을 걷는 것도 불가능합니다. 그러나 예수 그리스도를 통해 구속함을 입은 자들은 그 길에 들어설 수 있으며, 결국 하나님 아버지께 이르게 됩니다. 다시 말하면, 예수 그리스도를 믿지 않는 자는 결코 하나님 아버지께 이를 수 없다는 것입니다. 예수 그리스도 없이는 하나님이 예비하신 영원한 거처에 들어가는 것이 아예 불가능함을 "나는 길이다"라는 말씀을 통해 명확히 하신 것입니다.

● 그리스도만이 길이시다

이때 중요한 점은 단지 그 길에 들어서는 것뿐 아니라, 그 길을 끝까지 걸어가며 영원한 처소에 이르는 과정 또한 예수 그리스도를 통하지 않고는 가능하지 않다는 것입니다. 그런데 많은 사람이 이 점에서 오해합니다. 특히 예수님을 믿고 난 후 하나님 아버지의 영원한 품에 이르기까지의 과정에서, 예수 그리스도의 중요성을 간과하거나 소홀히 여기는 경우가 많습니다. 예수님을 처음 믿을 때는 예수님의 필요성을 강하게 인식하지만, 이후의 여정에서는 점차 자신의 신앙 행위에 의존하는 경우가 많습니다. 열심히 기도하고, 성경 읽고, 예배드리는 행위를 통해 스스로 안심하는 것입니다. 이런 행위 자체가 잘못된 것은 아니지만, 그것이 하나님 아버지께 이르는 길을 완성한다는 생각은 큰 착각입니다. 예수 그리스도 없이는 이 길을 걸을 수 없다는 사실을 잊어버리고, 신앙활동에만 의존해 스스로 위로하고 안심하는 것입니다.

특히 교회에서 오래 생활한 사람들, 소위 '교회에서 잔뼈가 굵은' 사람들이 이러한 오해에 빠질 가능성이 큽니다. 이들은 교회에 다니며 예배드리고, 기도하고, 성경 읽고, 전도하며 심지어 해외 선교하는 것을 근거로, 자신이 하나님 아버지께로 잘 가고 있다고 믿습니다. 이러한 행위로 자신을 위로하며, 미래의 구원에 대해 안심하는 것입니다.

그러나 이러한 생각은 큰 착각이자 오해입니다. 예수 그리스도 없이는 이 길을 걷는 것도, 하나님 아버지께 이를 수도 없습니다. 우리의 신앙 행위는 중요한 도구일 뿐, 그 자체가 구원의 길이 될 수 없습니다. 모든 과정에서 철저히 예수 그리스도를 의지해야 하나님이 예비하신 영원한 처소에 이를 수 있습니다.

요한복음 14장 6절은 예배, 기도, 전도, 또는 어떤 체험 등을 하나님 아버지께 이르는 길이라고 말하지 않습니다. 그 길은 예수 그리스도뿐이라고 말합니다. 예배와 기도, 전도, 체험 등은 필요하고 중요하지만 어디까지나 길이신 예수 그리스도 안에서 갖는 부차적인 것입니다. 모두 그리스도 안에서만 유익하고 풍성한 은혜의 방편인 것입니다.

예수를 믿으면서도 그분을 떠나 신앙생활을 하는 사람이 있는지 물을 수도 있습니다. 교회 역사를 보면 율법주의에 빠지거나 신앙 행위 자체에 지나치게 의존하는 사람들이 있었습니다. 이는 오늘날도 마찬가지입니다. 많은 사람이 예배, 기도, 봉사 같은 신앙 행위를 하나님 아버지께 이르는 길로 착각하고 그 행위 안에서 안심합니다. 특히 하나님 아버지께 이르는 삶과 신앙 여정에서, 이러한 생각이 잠재적으로 자리잡고 있는 경우가 많습니다. 교회에 열심히 출석하고 봉사하며 직분을 맡고 있다는 이유로, 하나님 아버지께 이르는 길을 잘 가고 있다고 생각하는 것입니다.

그러나 이는 잘못된 생각입니다. 하나님 아버지께 가는 길은 신앙 행위가 아닌 예수 그리스도입니다. 그것은 바로 우리의 죄 때문입니다. 신앙 행위가 우리의 죄를 해결해 주지는 못합니다. 그것은 오직 완전한 사람이요, 완전한 하나님이신 예수 그리스도 안에서만 해결될 수 있습니다. 이를 위해 예수님이 갈보리 십자가에서 죽으셨습니다. 예수님은 죄의 저주를 담당하시고 우리 죄를 완전히 처리하셨습니다. 오직 그분만이 영원한 처소에 이르는 길, 하나님 아버지께 이르는 '유일한' 길(The Way)입니다. 그 외의 신앙 행위는 모두 그 길 안에서 갖는 은혜의 수단일 뿐입니다.

우리가 예배드릴 수 있는 것도, 길이신 예수 그리스도 안에서 그의 중보로 하나님께 나아갈 수 있게 되었기 때문입니다. 기도 역시 마찬가지입니다. 예수 그리스도와의 관계 속에서, 그분 안에서 하나님과 교제할 수 있기 때문입니다. 성경을 읽고 말씀을 듣는 것도 마찬가지입니다. 성경이 예수 그리스도를 증거하고 그분을 통한 구원을 말하기 때문에, 우리가 성경을 읽고 듣는 것입니다. 전도나 선교를 하는 이유도 예수 그리스도께서 우리에게 구원의 길과 생명의 길을 내셨기에, 그 사실을 전하고 증거하는 것입니다. 봉사와 헌신도 예수 그리스도께서 우리를 구원하시고 복을 주셨기에, 그에 대한 감사와 순종으로 하는 것입니다. 따라서 그 어떤 신앙 행위도 예수 그리스도를 대신할 수 없습니다. 이러한 행위는 길이신 예수 그리스도 안에서 자연스럽게 따라오는 것이며, 우리가 마땅히 해야 하는 것일 뿐입니다.

● 그리스도가 유일한 길인 이유

오직 예수 그리스도만이 하나님 아버지께 이르는 길이라는 것은 단순한 선언이 아닙니다. 예수님은 친히 우리의 죄를 해결해 하나님 아버지께 가는 길을 열어 주셨습니다. 죄는 우리가 하나님께 나아가는 것을 근본적으로 가로막는 장벽입니다. 그런데 예수님이 그 길을 열어 주셨을 뿐 아니라 바로 그 길이 되셨습니다.

오늘날 포스트모더니즘이나 여타의 세상 이념은 이 길을 제시하지 못합니다. 죄 문제도 해결해 주지 못합니다. 그런데 하나님 아버지께 가는 길을 가로막는 죄를 예수님이 친히 해결하심으로 그 길을 내시고 아예 그 길이 되셨습니다. 죄는 우리가 하나님께 나아가는 것을 막을 뿐 아니라, 그리스도인으로서 그 길을 걷는 과정에도 방해가 됩니다. 죄는 하나님과의 풍성한 교제를 가로막고, 그리스도께서 예비하신 영원한 거처와 미래에 대한 확신까지 흔들어 놓습니다. 그래서 구원을 받는 순간뿐 아니라, 구원 이후의 모든 과정에서도 예수 그리스도가 필요합니다.

히브리서 기자는 바로 이 점을 강조합니다. 유대교에서 개종한 그리스도인들에게 편지를 쓰며, "형제들아 우리가 예수의 피를 힘입어 성소에 들어갈 담력을 얻었나니 그 길은 우리를 위하여 휘장 가운데로 열어 놓으신 새로운 산 길이요"(히 10:19-20)라고 말합니다. 여기서 '새로운 산 길'은 예수 그리스도께서 열어 놓으신 길을 가리키며, 히브리서 기자는 그리스도인들이 이 길을 통해 하나님께 나아가도록 초청하고 있습니다.

또 이어서 "또 하나님의 집 다스리는 큰 제사장이 계시매 … 참 마음과 온전한 믿음으로 하나님께 나아가자"(히 10:21-22)고 반복적으로 권면합니다. 그리스도께서 열어 놓으신 길을 따라가는 여정에서도, 계속해서 하나님께 나아가야 한다고 말하는 것입니다. 이 과정에서도 문제는 언제나 우리의 죄입니다. 우리의 연약함이 아니라 우리의 죄가 하나님과의 관계를 방해하기 때문입니다. 그래서 우리는 과거의 죄는 물론이고 현재와 미래의 죄까지도 예수 그리스도의 보혈로 사함받았다는 사실을 기억해야 합니다. 옛 찬송가 192장 "영원히 죽게 될 내 영혼"의 후렴 가사인 "나의 죄 사했네 나의 죄 사했네 주님이 지신 십자가로"가 이를 잘 표현하고 있습니다.

예수 그리스도를 믿는 자는 과거와 현재, 미래의 죄까지 모두 사함받았습니다. 만약 과거의 죄만 용서받았다면 십자가의 대속은 불완전한 것이 되고 맙니다. 그러나 성경은 그리스도의 피가 우리의 모든 죄를 사했다고 분명히 말합니다. 우리는 그리스도의 완전한 사역을 통해 의롭다 함을 얻을 수 있습니다.

이처럼 우리의 구원은 행위나 노력에 의한 것이 아니라, 그리스도의 완전한 희생에 기반한 것입니다. 우리는 구원의 순간뿐 아니라 하나님께 나아가는 모든 과정에서 길이신 예수 그리스도를 의지해야 합니다. 그분을 힘입어 참 마음과 온전한 믿음으로 하나님께 나아가야 합니다. 이것이 성경의 가르침이며, 우리가 기억하고 붙들어야 할 진리입니다.

● 그리스도를 의지하여 가는 회개의 길

그럼에도 하나님 아버지께 이르기까지 우리가 삶 속에서 짓는 죄는 결코 부인할 수 없는 현실입니다. 분명 예수 그리스도의 피로 죄 사함을 받았지만 일상에서 여전히 죄를 짓습니다. 지난 한 주만 돌아봐도 생각과 말과 행동으로 죄를 짓거나, 죄성을 따라 탐욕과 질투와 시기, 미움 같은 것이 꿈틀댄 흔적을 보게 됩니다. 예수님은 마음으로 미워하는 것도 살인이라고 말씀하셨기에,

우리 내면에서 일어나는 이 모든 것은 분명 죄입니다.

그래서 하나님의 품에 이르는 여정에서도 예수 그리스도가 절대적으로 필요합니다. 이미 죄 사함을 받았지만 경험 속에서 반복적으로 나타나는 죄는 오직 예수 그리스도의 피로 말미암아 지속적으로 용서함을 받아야 하기 때문입니다. 성경은 이것을 명확히 가르칩니다. 히브리서는 "예수의 피를 힘입어 성소에 들어갈 담력을 얻었나니"(히 10:19)라 말하고, 요한일서는 "그 아들 예수의 피가 우리를 모든 죄에서 깨끗하게 하실 것이요"(요일 1:7), "만일 우리가 우리 죄를 자백하면 그는 미쁘시고 의로우사 우리 죄를 사하시며 우리를 모든 불의에서 깨끗하게 하실 것이요"(요일 1:9)라고 말합니다.

그러면 왜 이미 죄 사함을 받았는데도 반복적으로 죄를 자백하며 예수 그리스도의 피를 의지해야 할까요? 그것은 죄를 고백하는 것이 하나님 앞에서 단순히 우리의 잘못을 인정하는 행위로 끝나는 것이 아니기 때문입니다. 우리는 죄를 고백함으로써, 죄를 싫어하고 심판하시는 하나님의 위엄과 거룩함을 인정하고 고백하게 됩니다. 더 나아가, 우리 죄를 대신 담당하신 예수 그리스도의 대속 사역을 인정하며, 우리의 구원과 삶이 오직 그리스도의 피에 의존한다는 사실을 확증하게 됩니다.

가족 관계를 생각해 보십시오. 부모 자식 관계는 자식이 잘못한다고 깨지지 않습니다. 그러나 자식이 잘못을 고백하지 않고 부모를 무시한다면, 그 관계는 큰 긴장과 소원함을 겪게 됩니다. 반대로

"아빠, 제가 잘못했어요"라고 고백한다면, 관계는 회복되고 다시 친밀해집니다. 하나님과의 관계에서도 죄 고백은 하나님 아버지와의 교제를 유지하고 더욱 깊어지게 합니다.

따라서 죄 고백하는 일을 게을리해서는 안 됩니다. 만일 죄를 고백하지 않는다면, 우리의 삶은 길을 잃은 것처럼 방황하고, 하나님과의 교제도 잃게 됩니다. 오늘날 많은 사람이 봉사나 성경공부, 기도 같은 신앙활동으로 죄 고백을 대신하려 하는데, 이는 죄라는 장애물을 해결하지 않은 채 하나님께 나아가려는 시도에 불과합니다. 죄 고백이 없으면 결국 예수 그리스도가 아닌 다른 것을 의지하며 신앙생활을 하게 되고, 그로 인해 우리의 신앙은 혼란스러워질 수밖에 없습니다.

예수 그리스도께서는 "내가 곧 길이요"라고 말씀하시며, 자신을 통해서만 하나님께 나아갈 수 있음을 명확히 하셨습니다. 이 길은 단지 구원의 시작에만 필요한 것이 아니라, 구원 이후 우리의 삶 전반에 걸쳐 절대적으로 필요합니다. 우리 죄가 그분의 피로 해결되지 않고서는 이 길을 걸을 수 없고, 하나님과의 친밀한 교제도 유지될 수 없습니다. 그리스도의 피의 능력을 의지하여 날마다 죄를 고백하며 하나님께 나아가야 합니다.

불행히도 어떤 사람들은 이 일에 진지한 마음으로 임하기보다는 단순히 '하나님, 다 아시죠? 다 정리해 주세요'라며 넘어갑니다. 이런 태도는 진지한 죄의 고백이 결여되어 있습니다. 그 결과 신앙생활이 형식적이 되고 방황하게 되며, 하나님께 나아가는 길이 멈춘 것 같은 느낌을 받게 됩니다. 죄의 고백 없이 신앙생활을 이어가려는 사람은 대체물을 찾기 마련입니다. 예배했다는 것, 기도했다는 것, 선교와 전도했다는 것 등으로 죄 문제를 덮으려고 합니다. 그러나 그것은 모두 죄를 고백하는 것과 성격이 전혀 다릅니다.

우리가 죄 문제를 진지하게 다루어야 하는 것은, 죄 문제가 우리에게 길이신 예수 그리스도의 필요성을 항상 말해 주기 때문입니다. 예수 그리스도가 없으면 죄는 절대로 해결되지 않습니다. 과거의 죄뿐 아니라 현재와 미래의 죄도 그렇습니다. 예수 그리스도 없이는 삶 속에 끊임없이 찾아오는 죄의 유혹과 공격을 이겨낼 힘을 얻지 못합니다. 죄 고백이 없는 사람은 길을 잃고 혼란 속에서 방황하다 세상적인 사고방식을 따르게 됩니다. 그리고 급기야 죄를 보지 못하는 상태까지 이르게 됩니다.

신앙이 깊고 죄에 대해 깨어 있는 사람일수록 작은 죄까지도 선명하게 봅니다. 그것이 정상입니다. 조나단 에드워즈(Jonathan Edwards)나 데이비드 브레이너드(David Brainerd), 사도 바울 같은 사람은 하나님 앞에서 자신이 얼마나 죄인인지 깊이 깨닫고, 작은 죄 하나에도 슬퍼하며 고백했습니다.

그러나 죄 고백이 없는 사람은 이와 반대입니다. 갈수록 죄를 보지 못하고, 결국 외식과 위선이라는 영적인 중병에 걸리고 맙니다. 거기서 끝나지 않고, 예수 그리스도의 필요성도 느끼지 못하게 됩니다. 예수님으로부터 오는 은혜를 누리지 못하고, 결국 신앙은 형식에 그치고 맙니다. 그래서 어떤 사람은 교회에서 직분을 맡아 열심히 봉사하면서도, 예수 그리스도 없는 위선적인 열심으로 끝나고 맙니다. 이것은 매우 심각한 문제입니다.

신앙생활이 뭔가 불안정하고 갈팡질팡한다고 생각된다면, 그 원인 중 하나는 분명 죄 고백의 부재임을 기억하십시오. 아무리 열심히 예배드리고 봉사하고 기도해도, 죄 고백 없이 쌓인 죄는 결국 하나님과의 관계를 왜곡하고 죄를 보지 못하게 만듭니다. 이로 인해 우리의 신앙은 형식적이고 세속적인 모습으로 변질되고 맙니다. 따라서 진지하게 죄를 고백하는 일이 없다면, 하나님과의 교제에서 멀어지고 예수 그리스도께 의존하는 신앙의 핵심을 놓치게 됩니다. 이처럼 죄 고백은 단순한 행위가 아닙니다. 그것은 하나님 앞에서 우리의 죄를 인정하고, 그 죄를 해결하신 예수 그리스도를 의지하며, 그분의 은혜로 다시 시작하는 신앙의 중심입니다.

● 실패하고 범죄하기에 더욱 그리스도만이 길이다

가장 심각한 문제는 예수 그리스도 없는 신자, 예수 그리스도 없는 교회가 된다는 사실입니다. 이는 단지 이론적인 우려가 아니라 우리의 신앙과 삶 속에 나타날 수 있는 실상입니다. 우리 죄를 깨끗게 하신 예수 그리스도 없이는 하나님 아버지께 도달할 수 없습니다. 죄에서 우리를 깨끗게 하시는 그리스도와 함께 이 길을 가야 합니다.

죄는 언제나 신앙 여정을 방해하고 우리를 절망과 좌절에 빠뜨립니다. 그러하기에 예수 그리스도의 피를 의지해 이 길을 걸어야 합니다. 깊은 실망과 좌절 가운데 넘어질지라도, 우리가 지닌 약함이나 실패에 매몰되지 말고 길이신 예수 그리스도를 바라보아야 합니다. 죄를 사하신 예수 그리스도가 계시기에 이 길을 끝까지 갈 수 있습니다.

살다 보면 다양한 시험과 죄의 공격, 심지어 미래를 볼 수 없을 만큼 절망적인 상황이 찾아올 수 있습니다. 그때도 길이신 예수 그리스도가 계심을 기억해야 합니다. 그분은 단지 길을 내신 분이 아니라 길 자체가 되신 분입니다. 우리의 모든 신앙 행위는 부차적인 것이며, 모두 예수 그리스도를 붙드는 수단임을 기억해야 합니다. 죄짓고 넘어지는 상황에서도 그리스도의 구속의 은혜와 피를 의지해야 합니다.

죄를 고백하는 행위는 단순히 실수나 잘못을 인정하는 행위가 아닙니다. 그것은 거룩하신 하나님을 인정하고, 오직 예수 그리스도만이 죄에서 구원하실 수 있음을 믿고 확신하는 고백입니다. 또 그리스도와의 복된 관계를 확인하는 중요한 행위이기도 합니다. 그러므로 그리스도 외에 다른 것을 길로 여기지 말고, 우리 죄를 제거하고 하나님 아버지께로 가는 유일한 길이신 예수 그리스도만을 바라보아야 합니다.

우리가 하나님 아버지께 이르는 동안 어떤 것을 경험하고 어떤 상태에 처하든 시선을 예수 그리스도께 고정해야 합니다. 양심이 우리를 괴롭히고 죄의 현실이 고달플지라도, 그것은 죄를 고백함으로써 오히려 그리스도를 붙드는 계기가 될 수 있습니다. 그리스도의 피는 우리가 하나님께 나아가기에 부족함이 없습니다. 우리의 실패와 죄에도 불구하고 길이신 예수 그리스도로 인해 우리는 영원한 처소에 이를 수 있습니다

이것은 추상적인 이야기가 결코 아닙니다. 예수 그리스도를 바라보는 것은 신앙의 실제적인 행위입니다. 우리가 경험적으로 얼마든지 알 수 있습니다. 생각이 복잡하고 힘들고 절망스러운 상황에 처할 때, 이 진리가 마음에 자리 잡고 있지 않는 사람은 예수 그리스도를 바라보는 것이 불가능합니다. 그러나 우리에게는 실패와 죄에도 불구하고 우리를 하나님 아버지께로 인도하시는 예수 그리스도가 계십니다. 그래서 그분을 바라보라는 것입니다.

사도 바울은 베스도에게서 "바울아 네가 미쳤도다"(행 26:24)라는 말을 들을 만큼 오직 예수 그리스도만 붙들었습니다. 예수 그리스도 안에 모든 것이 있다는 특별하고도 놀라운 비밀을 알았기 때문입니다. 예수님은 말씀하셨습니다. "나는 길이다." 그 길은 그분을 믿고 따르는 우리를 위한 길입니다. 그분이 계시면 우리는 하나님 아버지께 이를 수 있습니다. 이 믿음으로 신앙의 여정을 걸어가십

시오. 하나님 아버지께 이르는 그날까지, 그 길을 걸으며 주님을 붙드시길 바랍니다.

Chapter 10

진리이신 주님

"예수께서 이르시되 내가 곧 길이요 진리요 생명이니 나로 말미암지 않고는 아버지께로 올 자가 없느니라" _ 요 14:6

● 변함없는 그 진리

이번 장에서는 "내가 곧 진리요"라는 말씀을 상고해 보겠습니다. 예수님이 십자가 죽음을 염두에 두고 제자들을 떠날 것을 말씀하셨을 때, 제자들은 심히 근심하며 불안해했습니다. 예수님은 그런 제자들에게 근심하지 말라 하시며, 그들을 위한 영원한 거처에 대해 말씀하시는 중에 "내가 곧 길이요 진리요 생명"이라고 하셨습니다. 다시 말해, 예수님이 "나는 진리다"라고 말씀하신 것은 우리가 이를 영원한 거처 또는 우리가 궁극적으로 하나님 아버지께 이르게 될 것과 관련이 있습니다. 다시 말해, 이 말씀은 우리가 구원 얻는 것과 관련되어 있다는 것입니다.

여기서 말하는 '진리'는 흔히 세상 사람들이 종교나 철학과 관련해 말하는 그런 진리가 아닙니다. 이 진리는 구원을 얻는 절대적 의미의 진리입니다. 그래서 예수님은 이 진리 앞에 정관사를 붙이셨습니다. 자신을 'The Truth' 즉 '그 진리'라고 소개하셨습니다. 이것을 바로 앞에 언급한 길과 연관 지으면, 하나님께 이르는 길은 단순한 길이 아닌 '진리의 길'입니다.

이 세상 종교도 '인생의 길(도)을 아는가?' 같은 화두를 던지기도 합니다. 그러나 성경에서 말하는 길은, 인간이 깊은 사색과 고뇌로써 펼쳐내는 어떠한 내용을 가리키는 것이 아닙니다. 그 길은 인간의 죄 문제를 해결하는 예수 그리스도 자신을 가리킵니다. 그래서 그 길은 예수 그리스도 자신의 은혜로써 구원을 얻게 하는 길입니다. 여기서 중요한 것은 'I am'이라고 말씀하시는 그분, 바로 그분이 길이고 진리라는 사실입니다.

그러면 예수님이 말씀하시는 '그 진리'는 구체적으로 무엇을 말할까요? 이 세상의 여러 종교와 철학 사상은 진리에 대해 말하고 진리를 추구합니다. 그런데 예수님은 이 세상이 그렇게도 추구하는 진리를 아주 간단하게 말씀하셨습니다. 바로 자신이 그 진리라는 것입니다. 예수님이 십자가에 달리시기 전, 로마 총독 빌라도는 예수님을 심문하다 "진리가 무엇이냐"(요 18:38)고 물었습니다. 이 질문은, 예수님이 진리에 대해 증언하기 위해 왔다고 하자 빌라도가 던진 질문입니다. 그리고 이것은 사실 모든 사람이 묻는 질문이기도 합니다. 그런데 이 질문에 대해 예수님은 요한복음 14장 6절에서 이미 답하셨습니다. 즉, 빌라도에게 하실 대답의 내용을 "내가 진리다"라는 말씀으로 드러내신 것입니다.

그럼에도 인간은 계속해서 '진리가 무엇이냐'는 빌라도 같은 질문을 던집니다. 그리고 이 질문에 대한 답은 세월이 지날수록 더욱 분분해집니다. 그와 함께 이 세상 종교와 사상도 다양해지고, 거기에 거짓이 점점 추가되고 있습니다. 예부터 지금까지 정치와 법을 이용해 거짓을 변호함으로써, 세상은 갈수록 점점 더 악해지고 거짓과 속임으로 가득해지고 있습니다. 진리가 무엇이냐는 질문에 답을 찾기가 더욱 어려워지고 있는 것입니다. 그러나 예수님의 말씀 곧 하나님의 계시는 확고합니다. 아무리 세월이 흘러도 '내가 바로 진리다'라는 변함없는 답을 제시합니다.

● 거짓 아래 머문 세상

여기서 한 가지 주목할 사실이 있습니다. 사도 요한이 요한복음과 요한서신에서 진리와 함께 거짓을 언급한다는 점입니다. 사도 요한의 진술 방식을 따라 마귀의 거짓과 연관 지어 진리의 실체를 생각할 필요가 있습니다. 진리를 거짓으로 덧씌우고 왜곡해, 참 진리이신 예수 그리스도를 찾는 것이 더욱 어려워졌기 때문입니다. 예수님은 요한복음 8장에서, 거짓의 아비인 마귀 때문에 진리는 더욱 왜곡되고 찾기 어렵게 되었다고 말씀하셨습니다.

이처럼 사탄은 진리가 무엇인지 알 수 없을 정도로 세상을 거짓으로 덮고 있습니다. 이 일은 사탄이 이미 최초의 사람 아담과 하와를 거짓으로 속일 때부터 시작되었습니다. 사탄이 한 일 중 가장 큰 일이 바로 이것입니다. 이 세상을 거짓으로 도배한 것입니다. 그래서 모두 거짓을 참으로 알고 믿고 따르는 현실이 되어 버렸습니다. 결국 사람들은 구원과 아무 상관 없는 것을 추구하며 거기에 생명을 바칩니다. 종교든 사상이든 문화든 돈이든 그 무엇이든 간에 거짓을 목 놓아 찾으며 살아갑니다. 이것은 모두 거짓의 아비인 사탄이 이 세상을 거짓으로 도배하고 진리를 왜곡했기 때문에 나타나는 실상입니다.

이로 인해 온 세상은 진리를 알기 전까지, 하나님과 자신에 대해 그리고 구원에 대해 거짓된 개념과 환상 속에 있었습니다. 이 세상에 태어나는 모든 사람이 예외가 없습니다. 사탄이 하나님과 인간과 죄에 대해 왜곡해, 인간은 모든 것의 실체와 진리를 밝히 알 수 없는 환경에서 태어나 자라게 되었습니다.

그런데 여기에 진리를 비추면 거짓으로 도배된 모든 것이 벗겨집니다. 진리가 모든 거짓의 가면을 벗기는 일을 합니다. 사도 요한이 이 진리를 말할 때, 거짓과 사탄을 연관 짓는 이유가 바로 이것입니다.

거짓이 벗겨지고 진리 되신 예수 그리스도를 알기 전까지 인간은 거짓을 진리처럼 여기며 삽니다. 아무리 학식이 많고 지성이 탁

월해도 진리 되신 예수 그리스도를 알기 전까지는, 그분으로 자신과 이 세상을 비추어 보기 전까지는, 거짓을 진리처럼 여기며 살아갈 수밖에 없습니다. 사탄이 씌워 놓은 거짓이라는 프리즘을 통해 모든 것을 보게 되기 때문입니다. 그래서 예수 믿기 전까지 진리는 오히려 이상한 것처럼 보입니다.

예수님이 말씀하신 것처럼 사탄의 별명은 '거짓의 아비'입니다. "너희는 너희 아비 마귀에게서 났으니 너희 아비의 욕심대로 너희도 행하고자 하느니라 그는 처음부터 살인한 자요 진리가 그 속에 없으므로 진리에 서지 못하고 거짓을 말할 때마다 제 것으로 말하나니 이는 그가 거짓말쟁이요 거짓의 아비가 되었음이라"(요 8:44). 우리에게 진리가 없으면 거짓을 참인 것처럼, 그것이 자신의 전부인 것처럼 말합니다. 그리고 이런 거짓의 아비가 이 세상 신으로 있기 때문에, 진리를 접해 보지 못한 사람은 그의 지배 아래 거짓 속에서 살아갑니다. 돈만 있으면, 지식만 있으면, 사랑만 있으면 다 되는 것처럼, 마치 이 세상이 전부인 것처럼 살아가는 것입니다. 어떤 배경과 가문에서 태어났는지는 아무 상관 없습니다. 진리를 접하기 전까지 모든 사람은 그렇게 살 수밖에 없습니다.

● 모든 거짓과 왜곡의 아비, 마귀

마귀가 사람들을 불순종하게 하는 데 주로 사용

하는 무기가 바로 거짓입니다. 마귀는 최초의 사람 하와에게도 거짓말을 사용했습니다. 하나님은 선악과를 먹는 날에는 반드시 죽을 거라 말씀하셨지만, 마귀는 결코 죽지 않을 거라 말했습니다. 사탄은 하나님이 선악과를 금하신 동기를 하나님 탓으로 왜곡하면서, 하나님에 대해서도 거짓을 말했습니다. "너희가 그것을 먹는 날에는 너희 눈이 밝아져 하나님과 같이 되어 선악을 알 줄 하나님이 아심이니라"(창 3:5).

이는 아담이 하나님처럼 신이 되는 것을 하나님이 원치 않아 그런 것이라는 마귀의 거짓말입니다. 마귀는 결국 하나님이 너를 제대로 대접하지 않는 거라는 논지로 말한 것입니다. 이처럼 마귀는 거짓으로 인간에게 아첨하고, 하나님에 대해서는 비방했습니다. 사람들 사이에서도 마찬가지입니다. 아첨과 중상모략의 배경에는 모두 거짓이 있고, 이 거짓의 원조는 사탄입니다. 이렇게 마귀는 거짓을 정답처럼 여기며 살도록 세상 사람들 가운데 역사하고 있습니다. 지금까지 세상을 그렇게 도배해 왔고, 결국 사람들은 태어나면서부터 보는 것을 마치 진리인 양 여기며 살게 되었습니다.

사탄의 의도는 인간을 하나님에게서 멀어지게 하고, 하나님에 대한 거짓 개념을 우리에게 심는 것입니다. 그리하여 세상에는 수많은 거짓 가르침과 거짓 종교가 나오게 되었습니다. 돌이나 여러 형상을 조각해 놓고 신이라고 믿는 거짓 종교가 끊이지 않는 것도 바로 이 때문입니다.

특별히 사탄은 예수 믿는 자들에게 더 교묘하고 적극적으로 하나님에 대한 잘못된 이해를 갖게 합니다. 그래서 신앙생활하다가 상황이 어렵고 힘들어지면, 사탄은 '하나님이 살아계시면 너한테 이럴 수 있어? 하나님이 정말 너를 사랑하신다면 네가 이렇게 기도하는데 들어주셔야 하는 것 아니야?' 하며 하나님에 대한 의혹을 불러일으킵니다. '네가 죄를 좀 짓는다고 해서 하나님이 널 버리실까?'라는 생각을 불어넣기도 합니다. 이것은 사람들이 거룩하신 하나님을 왜곡해서 보는 원인이 됩니다. '그렇지, 하나님은 사랑의 하나님이시지. 죄를 좀 짓는다고 큰 문제가 있겠어. 그 정도는 하나님께서 개의치 않으실 거야' 하는 식으로 사탄은 하나님의 거룩하심을 잊게 만들고, 죄와 타협하는 삶을 부추깁니다. 많은 사람이 바로 이런 식으로 사탄의 미혹에 넘어집니다.

그러나 이보다 더 비극적인 사실은, 이런 거짓된 속삭임에 넘어가면 진리를 정확하게 보는 눈을 상실하게 된다는 것입니다. 자신은 괜찮은 사람이라는 착각 속에 살면서, 죄짓고 죄에 미끄러지는 경험을 하게 됩니다. 자신은 옳은 일을 한다고 생각하지만, 정작 거짓 가운데 열심을 내는 결과가 되기도 합니다. 바로 이러한 착각의 상태를 조성하는 자가 마귀입니다. 사탄은 심지어 그리스도인조차 바리새인들처럼 깊은 착각에 빠져 자신을 괜찮은 사람으로 여기게 만듭니다.

● 거짓을 깨뜨리는 진리

이 거짓된 착각을 비추고 깨뜨리는 것이 진리입니다. 거짓으로 도배된 세상, 거짓을 진리인 양 좇으며 살아가는 상태를 깨뜨리는 것도 진리이며, 신자가 사탄의 미혹에 넘어가 혼란에 빠지고 넘어지는 모습을 비추는 것도 진리입니다. 진리는 우리의 상태 곧 우리가 하나님의 은혜를 절대적으로 필요로 하는 죄인임을 보게 합니다. 또 진리는 하나님과의 관계를 보게 하고, 우리가 얻게 된 신분과 복이 무엇인지도 보게 합니다. 예수 그리스도께서 오신 목적이 무엇인지, 하나님이 그분 안에서 행하신 일이 무엇인지 제대로 보게 합니다.

일찍이 선지자 예레미야는 "만물보다 거짓되고 심히 부패한 것은 마음이라"(렘 17:9)고 말했습니다. 우리의 거짓되고 심히 부패한 마음을 보게 하는 것이 진리입니다. 이 진리가 비추기 전까지는 아무리 똑똑한 사람이라도 자기의 부패한 마음을 따라 살아갈 수밖에 없습니다. 아무리 숭고하고 고매한 인격인 것처럼 보이는 사람도 실상은 부패한 상태에 있을 뿐입니다.

그러므로 하나님이 진리인 예수 그리스도를 통해 우리 상태를 말씀하실 때, 자신의 실상을 인정해야 합니다. 만일 자기의 죄인 됨을 부인한다면, 그것은 곧 진리이신 예수 그리스도를 부인하는 것입니다. 다시 말해, 진리를 말씀하신 하나님을 거짓말쟁이로 만드는 것입니다. 하나님 앞에서 자기의 상태를 부인하거나, 하나님이 말씀을 통해 밝히시는 죄를 짓지 않았다고 한다면, 일단 그 사람 안에는 요한일서 말씀대로 진리가 없는 것입니다(요일 1:8-10). 그리고 하나님이 그를 위해 하신 일을 거부하는 것입니다. 그러므로 진리가 우리를 비출 때 우리는 그에 반응해야 합니다. 그것은 하나님이 우리를 위해 행하시는 것에 우리 자신을 여는 것입니다. 그러나 안타깝게도 오늘날 많은 사람이 자신에게 진리가 비추는데 그 은혜를 기피합니다. 비추신 대로 보게 된 것을 인정하려 들지 않습니다. 그것은 하나님이 도우시는 혜택을 받지 못하는 것입니다.

 진리는 거짓된 이 세상과 그 속에서 거짓을 진리처럼 믿고 살아가는 사람들에게 거짓의 거짓됨을 명확히 알게 합니다. 그것을 직접적으로 가장 분명하게 보이신 분이 바로 예수 그리스도입니다. 그분은 사탄이 이 세상에 만들어 놓은 거짓되고 왜곡된 종교와 사상을 걷어내기 위해 찬란한 빛을 비추셨습니다. 진리이신 그분이 친히 역사 속으로 오셔서 거짓이 무엇이고 진리가 무엇인지 자신을 통해 보게 하셨습니다.

 인류 역사는 사탄이 아담을 속일 때부터 거짓으로 시작해 온통 거짓으로 도배되어 있습니다. 하나님에 대해, 인간에 대해, 죄에 대해 온갖 왜곡된 개념을 갖고, 그것이 마치 진짜인 것처럼 여기며 살아갑니다. 그런데 예수 그리스도께서 그 왜곡된 개념을 완전히 깨뜨리셨습니다. 특히 예수 그리스도는 갈보리 십자가에서 자신이 진리라는 것과 그 진리의 찬란함을 선명하게 보이셨습니다. 그래서 갈보리 십자가는 진리이신 주님을 가장 명확하게 볼 수 있는 자리입니다. 바로 그 십자가에서 사탄이 거짓으로 도배해 놓은 것을 걷어내고, 사탄이 왜곡해 놓은 하나님과 인간과 죄에 대한 진리를 찬란하게 보여 주셨습니다.

십자가에서 예수 그리스도는 사탄이 씌어놓은 거짓의 덮개를 벗겨내고 만물의 본래 모습을 보여 주십니다. 십자가에 달리신 예수 그리스도를 통해, 우리는 지금껏 잘못 알고 있었던 이 세상의 거짓된 지식과는 완전히 다른 진리를 보게 됩니다.

● 죄의 실체를 밝히는 십자가

사탄은 최초의 인간 아담과 하와가 죄를 지을 때 그 죄를 대수롭지 않게 여기도록 만들었습니다. 죄의 개념을 왜곡함으로써 죄를 지어도 죽지 않는다고 미혹한 것입니다. 마치 죄와 죽음은 전혀 상관없는 것처럼 그들을 속였습니다. 그러나 예수님은 십자가에서 그것이 모두 거짓임을 폭로하셨습니다. 예수님은 죄 없는 분으로, 하나님의 아들이었지만 죽으셨습니다. 우리의 죄를 대신 지신 것입니다. 죄 없으신 하나님의 아들이 우리의 죄를 덮어쓰고 사망을 경험하신 것입니다. 이것은 죄가 무엇인지 정확하게 보여 주는 사건입니다. 죄가 처절한 죽음을 가져오고, 하나님의 진노를 불러일으킨다는 사실을 예수님은 십자가에서 보이셨습니다.

이것이 바로 거짓을 걷어내는 진리입니다. 예수님은 십자가에서 죄에 대한 거짓 개념을 걷어내고 죄의 실체를 밝혀 주셨습니다. 죄는 단순히 죽음을 넘어 엄청난 형벌과 하나님의 진노를 받게 한다는 것을 몸소 보여 주신 것입니다. 예수 그리스도께서 진리이신 이유가 바로 이것입니다. 그분의 말씀도 진리지만, 궁극적으로 예수 그리스도 자신이 진리입니다. 이 진리이신 예수 그리스도를 믿는 자는 죄에 대해 이 세상과는 전혀 다른 이해를 갖게 됩니다.

오늘날 교회 안에서는 이러한 죄에 대한 개념이 점점 흐려지고 있습니다. 그것은 결코 정상적인 모습이 아닙니다. 오늘날 심리학이 교회 안에 들어와 많은 사람이 죄 대신 '실수'라는 개념을 사용합니다. 존 웨슬리(John Wesley)가 그런 말을 쓰기 시작했고, 로버트 슐러(Robert Schuller)와 그를 뒤따르는 사람들은 죄를 악한 것으로 보지 않고 있습니다. 그러나 그것은 예수 그리스도께서 보여 주신 죄에 대한 개념과 사뭇 다릅니다.

진리이신 예수 그리스도를 믿는 자는 죄를 결코 가볍게 여길 수 없습니다. 이 세상은 사탄이 심어놓은 죄에 대한 거짓된 개념을 갖고 있지만, 예수 믿는 자는 그럴 수 없습니다. 예수 믿는 자는 죄에 대한 개념부터 새롭게 갖게 됩니다. 이전과 달리 죄에 대해 자각하기 시작합니다. 그래서 참된 신자는 신앙이 깊어질수록 죄에 대해 더욱 민감한 반응을 보입니다.

요한일서는 "만일 우리가 죄가 없다고 말하면 스스로 속이고 또 진리가 우리 속에 있지 아니할 것이요"(요일 1:8)라고 말합니다. 그러나 오늘날 신자들 중에는 죄를 우습게 여기는 사람이 너무 많습니다. 그것은 진리 되신 예수 그리스도를 우습게 아는 것과 다름없습니다. 진리이신 예수 그리스도를 믿는 자, 그를 소유한 자는 죄에 대한 거짓된 개념을 버리고 참된 개념을 갖게 됩니다. 예수 그리스도와 그의 십자가에서 보이신 죄에 대한 개념을 갖게 되는 것입니다. 따라서 예수 믿으면서 죄를 짓고도 자각이 없거나 양심의 가책이 없다면 문제가 있는 것입니다.

앞장에서 살펴본 바와 같이, 우리는 하나님 앞에서 죄를 자백해야 합니다. 그런 면에서 죄에 대한 진리를 알고, 그리스도 안에서 죄에 대해 바른 태도를 취하는 것은 결코 작은 일이 아닙니다. 그것은 실로 엄청난 일입니다. 이 일은 진리이신 예수 그리스도를 소유했기에 가능한 것입니다. 죄는 인간이 스스로 처리할 수 있는 문제가 아닙니다. 인간을 사망으로 내모는 지배력을 갖기 때문입니다. 그래서 이 일은 진리이신 예수 그리스도 안에서만 가능합니다.

한 사람이 죄에 대한 거짓된 개념을 버리고 진리를 알게 되는 것은 십자가에서 일어난 일을 앎으로써 가능합니다. 십자가로 하나님과의 관계가 회복되었기 때문입니다. 결국 예수 그리스도를 알게 되면 오랫동안 가지고 있던 죄에 대한 거짓된 관점과 틀이 깨지면서 그 속임에서 벗어나게 됩니다. 이처럼 예수 그리스도를 알고 소유하는 것은 놀라운 일입니다. 그러므로 예수 그리스도의 십자가를 제대로 알면서 죄를 알지 못하거나 분별하지 못한다는 것은 불가능합니다. 잠시 망각할 수는 있지만, 죄에 대한 진리를 모른다는 것은 있을 수 없는 일입니다.

● 인간을 보게 하는 십자가

예수 그리스도의 십자가가 거짓을 걷어내고 밝히 비춘 것은 그뿐만이 아닙니다. 십자가는 인간이 본래 어떤 존재인지도 밝히 보여 줍니다. 하나님은 인간을 인격적인 존재로 창조하여 교제하셨고 뜨겁게 사랑하셨습니다. 십자가는 인간이 본래 그런 존재임을 다시 보여 줍니다. 인간은 죄 가운데 먹고 마시며 살다 죽는 존재가 아니라, 더 위대하고 탁월한 존재, 즉 창조주 하나님과 교제하며 사랑하고 사랑받는 관계의 존재임을 보여 줍니다.

그러나 사탄은 인간이 그런 존재가 아니라고 속입니다. "네가 신이야"라고 속이며 우리를 높이는 것 같지만, 그의 목적은 하나님의 형상인 인간을 파괴하는 것입니다. 십자가는 이런 인간에 대한 거짓된 이해를 모두 벗겨냅니다. 하나님이 독생자 예수 그리스도를 죽게 하면서까지 인간을 구원하신 것은, 인간이 본래 하나님의 사랑을 받으며 하나님의 기쁨이 되는 존재임을 보여 주신 것입니다.

이처럼 진리이신 예수님은 인간에 대한 거짓 되고 왜곡된 실체를 밝히셨습니다. 인간은 타락하여 단순히 먹고 마시며 의미 없이 이 세상을 사는 존재가 아니라, 하나님의 사랑을 받는 존재, 하나님의 기쁨이 되는 존재임을 보여 주신 것입니다. 이처럼 십자가는 인간에 대한 모든 거짓을 걷어냅니다. 그리고 인간이 하나님과 얼마나 복된 관계에 있는지 보여 줍니다. 진리가 바로 그것을 비춘 것입니다.

또 십자가에서 죽으신 예수 그리스도를 통해 우리는 죄를 범한 인간의 상태와 그 운명도 분명히 보게 됩니다. 그와 동시에 하나님의 아들 예수 그리스도를 십자가에 죽게 하면서까지 살려내고자 하신 인간의 존재 가치도 깨닫게 됩니다. 이는 인간에 대한 궁극적인 진리입니다. 그러므로 예수 그리스도는 진리입니다. 인간의 본래 모습을 보게 하기 때문입니다.

세상은 이러한 인간에 대한 진리를 가지고 있지 않습니다. 사탄은 거짓된 인간관을 세상에 퍼뜨려, 사람들로 하여금 자기 육체 하나를 위해 살다가 끝나는 존재, 짐승보다 조금 더 고등한 존재로 여기게 만듭니다. 그러나 십자가에 달리신 예수 그리스도는 인간이 그런 존재가 아니라고 선언하셨습니다. 인간은 원래 하나님과 교제하는 존재이며, 영원하신 분과 대화하던 존재임을 보여 주시면서, 그 복된 관계가 회복되어야 할 존재임을 십자가에서 보이셨습니다. 하나님은 자기 아들을 내어주기까지 우리를 사랑하신다는 것을 십자가에서 그렇게 증거하셨습니다.

십자가에 달리신 예수 그리스도로 비추어진 인간에 대한 진리는 이토록 깊습니다. 예수님의 "나는 진리다"라는 말씀은 그저 단순한 선언이 아닙니다. 이는 죄와 인간에 대한 가장 깊고 부요한 내용을 포함하고 있습니다.

● 하나님을 보게 하는 십자가

예수님이 십자가에서 밝히신 것은 죄와 인간에 대한 진리만이 아닙니다. 십자가는 사탄이 크게 왜곡했던 하나님의 본래 모습도 밝히 드러냈습니다. 인간은 이 세상에서 하나님을 보지 못합니다. 그러나 우리는 십자가를 통해 우리를 사랑하시는 하나님을 비로소 보게 됩니다. 예수 그리스도의 십자가는 하나님이 우리에게 생명을 주시고, 죄에서 구원하기 원하신다는 사실을 보여 줍니다.

물론 십자가에서 하나님의 거룩하심도 보게 됩니다. 그리고 거룩하심 속에 담긴 사랑도 보게 됩니다. 하나님이 아들을 내어주기까지 우리를 사랑하시고, 우리와 깨어진 관계를 회복하기 원하시는 그 거룩한 사랑을 보게 되는 것입니다. 예수 그리스도는 십자가에서 '하나님이 너희를 사랑하신다. 그것도 말로만 사랑하는 것이 아니라 너희의 죄를 다 담당하는 거룩한 사랑으로 사랑하신다'는 진리를 보여 주셨습니다.

그러나 이 세상에서 말하는 하나님에 대한 개념은 그러한 하나님이 아니라 대부분 거짓되고 왜곡된 것입니다. 사탄이 그것을 주동하고 있습니다. 심지어 거짓 종교가 만든 신을 하나님으로 섬기라고 부추깁니다. 이는 하나님에 대한 진리를 거짓으로 바꾸는 사탄의 사악한 전략입니다. 사탄은 학문과 사상 속에도 거짓을 심어 놓고 하나님을 부인하고 왜곡하는 일을 해왔습니다.

그러나 십자가에 달리신 예수 그리스도께서 이 모든 거짓된 신앙과 개념을 깨뜨리고 하나님에 대한 참된 진리를 보여 주셨습니다. 하나님이 우리를 사랑하시되 그 사랑이 얼마나 거룩하고 깊은지, 독생자를 내어주는 사랑으로 증거하셨습니다. 하나님은 우리를 그렇게까지 사랑하시며, 우리와의 옛 관계를 회복하기 원하신다는 것을 십자가를 통해 보이셨습니다.

예수 그리스도는 우리를 거짓에서 깨어나게 하실 뿐 아니라, 우리가 계속해서 거짓에 빠지지 않게 하는 영원한 진리입니다. 그러므로 그분만 붙들고, 그분만 바라보고, 그분만 소유하면, 어둠과 거짓에서 벗어나 진리로 나올 수 있습니다. 더 나아가 계속해서 진리 안에서 걸을 수 있습니다. 이것이 바로 사도 요한이 요한서신에서 빛 가운데서, 진리 안에서 걷는 문제를 언급하는 이유입니다. 예수 그리스도만 있으면 그것이 가능하기 때문입니다.

◉ 진리이신 그리스도를 바라보라

우리는 십자가를 예수님이 육체적으로 고통받는 장면으로 보는 경향이 있습니다. 그러나 그것은 표면적인 현상일 뿐 십자가에는 예수 그리스도의 죽음으로 드러난 놀라운 진리가 담겨 있습니다. 하나님이 독생자를 죽게 하면서까지 우리를 사랑하시고 존중하시며 자녀로 삼으셨다는 진리가 그 안에 담겨 있습니다.

그러나 이 세상은 우리 눈을 흐리게 합니다. '하나님이 정말 나를 사랑하실까? 이렇게 힘든데 나를 지키시는 게 맞나?' 등 의문을 갖게 합니다. '나는 왜 이렇게 불행할까? 내 인생은 왜 이렇게 항상 꼬일까?' 같은 자신에 대한 왜곡된 생각을 품게 합니다. 더 나아가 죄를 대수롭지 않게 여기고 죄에 대해 자각하지 못하게 합니다.

그런데 이 거짓되고 왜곡된 생각에서 벗어나게 하는 열쇠가 있습니다. 예수 그리스도 특별히 갈보리 십자가에 달리신 예수 그리스도를 바라보는 것입니다. 거기서 하나님이 우리를 얼마나 사랑하시는지 우리의 실체가 드러납니다. 이것은 단순히 심리학적 자존감을 높이는 말이 아닙니다. 우리의 신분이 하나님과 관련되어 있음을 보여 주는 진리입니다. 인간에 대한 엄청난 존중과 가치를 가진 진리입니다.

예수 그리스도의 십자가는 세상의 모든 거짓을 걷어내고 참 생명과 구원으로 인도하는 진리를 보여 줍니다. 그러므로 예수 그리스도만 있으면 우리는 이 세상에서 능히 버틸 수 있습니다. 하나님 아버지께 나아갈 수 있는 길이 열립니다. 예수 그리스도가 진리이기에 그분 없이는 누구도 하나님께 이를 수 없고 구원을 얻을 수 없습니다. 예수님이 "내가 곧 길이요 진리요 생명이니 나로 말미암지 않고는 아버지께로 올 자가 없느니라"(요 14:6)고 하신 말씀이 바로 이 진리를 가리킵니다.

당신은 세상의 비진리와 거짓된 주장, 특별히 죄와 자기 자신, 그리고 하나님에 대한 왜곡된 개념에서 깨어났습니까? 아니면 예수를 믿으면서도 죄를 자각하지 못하고, 자신을 여전히 비참하게 여기며 살고 있습니까? 예수님은 십자가에서 죽으면서까지 우리 존재의 가치를 높이셨습니다. 우리 신분의 존귀함을 밝혀 주셨습니다. 우리가 하나님의 영원한 보장을 받은 자녀임을 드러내 주셨습니다. 그런데도 그 사실을 모르고 비참하게 살아간다면, 이는 진리를 제대로 알지 못하기 때문입니다.

아직도 진리에 대한 자각이 없다면 속히 진리이신 예수 그리스도를 믿어야 합니다. 그래야 모든 거짓과 혼란에서 벗어나 하나님 아버지께 이를 수 있고 구원을 얻을 수 있습니다. 이 세상 지식이나 심신 수련 혹은 종교적인 행위로는 불가능합니다. 'The Truth' 곧 진리이신 예수 그리스도로 말미암지 않고는 아버지께로 올 수 없습니다. 우리는 진리이신 예수 그리스도를 통해서만 죄가 무엇인지, 인간이 어떤 존재인지, 하나님이 어떤 분인지 제대로 알 수 있습니다.

진리를 알고 싶다면 유일한 진리이신 예수 그리스도를 믿고 바라보십시오. 그분 알기를 구하십시오. 일시적으로 혼란스러운 상황에 빠질 때, 그때도 예수 그리스도를 바라보십시오. 갈보리 십자가에 달리신 그분, 우리의 영원한 이정표이며 찬양의 제목이 되시는 예수 그리스도를 바라보십시오. 그러면 혼란이 없고 거짓에 넘어지지 않을 것입니다.

우리가 사는 세상은 거짓과 왜곡으로 가득합니다. 진리 왜곡, 상황 왜곡, 인간 왜곡이 판치고 유혹이 난무합니다. 그러나 그 가운데서도 참된 진리의 길을 걷고 싶고 하나님 아버지께 이르고 싶다면, 진리이신 예수 그리스도를 바라보십시오. 십자가에서 죄와 인간과 하나님에 대한 진리를 밝히 보이신 예수 그리스도를 바라보십시오. 예수 그리스도는 십자가에서 우리에게 모든 것을 보여 주셨습니다. 이 세상이 어둠 속에서 까맣게 잊고 있던 진리를 환히 드러내셨습니다.

진리이신 예수 그리스도 없이 하나님 아버지께 이르는 것은 불가능합니다. 그러나 그분만 있으면 안전하게 아버지께 이를 수 있습니다. 이것이 바로 우리의 신앙이 예수 그리스도 중심적이어야 하는 이유입니다. 이것을 단순한 이론이 아닌 실제 삶 속에서 깊이 생각하고 적용해야 합니다.

삶 속에서 혼란스러움과 답답함을 경험하거나, 거짓과 왜곡으로 생각이 흐려지고 현실이 막막한 모든 순간에, 진리 되신 예수 그리스도를 바라보십시오. 십자가에 달리신 주를 바라보는 것이 답입니다. 그분은 진리이며 그 진리 안에서 우리는 구원을 넉넉히 얻게 됩니다.

생명이신 주님

"예수께서 이르시되 내가 곧 길이요 진리요 생명이니 나로 말미암지 않고는 아버지께로 올 자가 없느니라" _요 14:6

● 화해하고 깨닫고 살게 하시는 주님

이번 장에서는 "나는 생명이다"라는 예수님의 말씀에 주목해 보겠습니다. 이미 앞에서 "나는 생명의 떡이다" "나는 부활이요 생명이다"라는 말씀을 다루었는데, 이 장에서는 '생명'이라는 말을 더 깊이 생각해 보겠습니다.

예수님이 "내가 곧 길이요 진리요 생명이니"라고 말씀하신 것에 대해 아더 핑크(Arthur W. Pink)는 이렇게 말했습니다.

죄가 세상에 들어오기 전에 아담은 하나님과 관련된 세 가지 특권을 누렸다. 그는 창조주와 교제를 나누었다. 그는 창조주를 알고 있었고 영적인 생명을 누리고 있었다. 그러나 그가 불순종하고 타락했을 때, 이 세 가지 관계는 모두 끊어졌다. 그는 하나님으로부터 떨어져 있게 되었다. 그것은 그가 자기를 숨긴 것으로 분명하게 입증되었다. 그는 마귀의 거짓말을 믿었기 때문에 더 이상 진리를 인식할 수 없었다. 그것은 그가 무화과나무 잎으로 앞을 가린 것으로 볼 때 분명하게 입증된다. 그리고 그는 더 이상 하나님의 영적 생명을 가지고 있지 못했다. 하나님이 네가 그 실과를 먹는 날에는 정녕 죽으리라 말씀하셨으므로 그 말씀은 엄격하게 지켜져야 했기 때문이다. 아담의 모든 후손은 이와 동일한 끔찍한 상태로 이 세상에 들어왔다. 육에서 난 것은 육이기 때문이다. 즉, 타락한 부모는 타락한 자녀를 낳을 뿐이기 때문이다. 그러므로 모든 죄인에게는 필요한 것이 세 가지가 있다. 화해, 조명, 중생 이 세 가지는 구주에 의해서 완전하게 충족되었다. 그는 아버지께로 이르는 길이요, 성육하신 진리시다. 그는 또한 그를 믿는 모든 사람에게 생명이다."[06]

이는 예수님이 길이 되어 우리로 하여금 하나님과 화해하게 하셨고(화해), 진리가 되어 하나님의 모든 것을 깨닫게 하시며(조명), 생명이 되어 다시 살게 하심으로(중생) 하나님 아버지께 이를 수 있게 되었다는 말입니다.

---

[06] 아더 핑크, 『요한복음 강해 3집』, 지상우 역(서울: 엠마오, 1995), pp.221-222.

● 예수 그리스도로만 얻는 참된 생명

우리는 성경에서 '생명'이라는 단어를 자주 접합니다. 이 단어에 익숙한 나머지 이 단어에 담긴 실체를 가볍게 여길 수 있습니다. 그러나 성경에 자주 나오는 이러한 단어는 우리 신앙에 매우 중요합니다. 우리는 이러한 단어의 의미를 깊이 이해하고, 그것이 말하는 바를 자신의 것으로 소유하는 것이 중요합니다.

그러면 예수님이 말씀하신 '생명'은 무엇을 가리킬까요? 먼저 배경을 이해할 필요가 있습니다. 예수님은 제자들이 미래를 걱정하는 상황 속에서 자신을 생명이라고 말씀하셨습니다. 따라서 이 생명은 예수님을 믿고 따르는 제자들과 더 나아가 예수님을 믿는 우리를 위한 생명임을 시사합니다.

물론 예수님은 생명 그 자체이며 생명의 근원입니다. 그러나 여기서 생명은 영원한 처소, 즉 하나님 아버지께 이르는 것과 연결된 내용입니다. 그런 점에서 이 말씀은 우리에게 생명이 필요하다는 사실을 전제하고 있습니다. 결국 "내가 생명이다"라는 말씀은 '생명인 나를 통해서만 영원한 생명, 영원한 거처, 영원하신 하나님 아버지께 이를 수 있다'는 의미입니다. 다시 말해, 우리가 하나님 앞에 죄 없이 설 수 있는 길은 오직 예수님을 통해서만 가능하다는 것입니다. 예수님은 누구나 생명이 필요하다는 전제하에, 이 생명은 오직 예수 그리스도 안에서만 얻을 수 있다는 사실을 분명히 하십니다.

당신은 자신이 본질적으로 생명이 필요한 존재임을 인식하고 있습니까? 혹자는 '내가 지금 생명을 가지고 살아가고 있는데 또 무슨 생명이 필요하단 말이지?'라고 반문할지도 모릅니다. 아마도 진리를 모르는 사람은 그렇게 생각할 것입니다. 그러나 일반적으로 사람들이 알고 있는 생명은 생명의 본질, 즉 생명의 근원(originality)이 아닙니다. 성경이 말하는 생명은 온전한 생명, 참되고 제대로 된 생명을 의미합니다.

일반적으로 사람들이 말하는 생명은 단순히 심장이 뛰고 육체가 살아 움직이는 것을 뜻하지만, 주님은 이미 그런 생명을 가진 사람들에게 "나는 생명이다"라고 말씀하신 것입니다. 이는 결국 예수님을 통해서만 참된 생명을 말할 수 있고, 얻을 수 있으며, 영원히 누릴 수 있다는 뜻입니다. 다시 말해, 예수 그리스도를 소유하지 않는 한 여기서 말하는 참된 생명은 가질 수 없습니다. 그러므로 이 진리를 알고 이 생명을 얻은 사람은 진실로 복된 사람입니다.

무지에는 여러 종류가 있습니다. 그중에는 단지 우리의 삶을 조금 불편하게 만드는 경우가 있습니다. 그러나 우리의 운명을 좌우하는 무지는 다릅니다. 그런 무지는 몇십 년의 삶이 아니라 영원한 운명을 결정짓습니다. 그런데 이 진리를 아는 지식이 바로 그러한 무지에서 벗어나게 할 핵심적인 진리입니다.

그러나 인간은 이 사실을 스스로 깨닫지 못합니다. 앞장에서 살펴보았듯이 예수 믿기 전 인간은 태어날 때부터 사탄이 심어놓은 거짓을 참된 것처럼 받아들이며 살아가기 때문입니다. 다시 말해, 인간은 자신에 대한 오해를 심어 주는 거짓말을 먼저 듣고, 그것을 사실로 알고 살아가기 때문입니다. 그것은 하나님과의 관계 속에서 얻는 참된 생명, 즉 생명의 본질 없이도 살 수 있다는 거짓말입니다.

인간은 이러한 거짓말을 품고 살아갑니다. 그래서 육체적인 생명만으로 만족하며, 건강한 몸과 안정된 경제 기반만 있으면 충분하다고 여깁니다. 특히 이런 조건을 갖춘 사람들은 하나님과의 관계 속에서 얻는 생명 없이도 살 수 있다는 사탄의 거짓말을 더욱 확신합니다. 그래서 이 생명의 원천에 대해 알고자 하는 욕구조차 갖지 않습니다.

● 뿌리 뽑힌 나무

최초의 인간 아담과 하와는 사탄의 거짓말, 즉 하나님과의 관계가 없이도 생명을 유지하며 살 수 있다는 속임수에 넘어갔습니다. 이 거짓말을 듣고 그들은 생명의 근원이신 하나님을 거역했습니다. 그 후 육체의 생명은 누렸지만, 그 생명은 안식과 기쁨과 만족이 없는 생명이었습니다. 분명 생명은 누리고 있었지만 곤고와 불안, 고통과 미래에 대한 걱정, 특별히 생명의 근원에서 멀어짐으로써 죽음의 기운이 감도는 이상하고도 불완전한 생명을 누리며 살았습니다. 엄밀히 말해, 그것은 사실상 생명이 없는 것이나 다름없었습니다.

아담과 하와가 생명의 근원이신 하나님을 버린 뒤의 삶을, 어떤 이는 뿌리 뽑힌 나무로 설명하기도 합니다. 뿌리 뽑힌 나무를 상상해 보십시오. 뿌리가 뽑혔다는 것은 이미 나무의 생명이 끝났음을 의미합니다. 그러나 나무 안에는 그동안 빨아들인 수분이 있어서, 그 수분이 마르기 전까지는 잎이 한동안 살아 있습니다. 하나님을 떠난 존재도 이와 같습니다. 살아 있는 것 같으나 그것은 잠시 유지되는 생명일 뿐입니다. 그래서 참된 생명, 진정한 생명이라고 할 수 없습니다.

그런 점에서 거듭나지 않은 사람은 예수님이 말씀하시는 생명이 필요합니다. 타락한 이후 모든 인간은 뿌리 뽑힌 나무 같아서, 예수님이 말씀하신 이 생명이 필요합니다. 생명의 원천이신 예수 그리스도를 믿어 그와 연합해야 한다는 의미입니다. 그러기 전까지 모든 사람은 사실상 생명이 없는 자로서 생명이 필요한 상태에 있습니다.

그러면 이 생명, 참된 생명이 없는 자의 특징은 무엇일까요? 그것은 생명의 원천이신 하나님을 향해 전혀 움직이지 않는다는 것입니다. 죽은 시체는 움직이지 않습니다. 죽은 자에게 손을 들어보라 하고 웃어 보라고 해도 전혀 반응하지 않는 것과 같습니다. 그러나 생명이 있으면 어떤 식으로든 반응합니다. 이처럼 생명의 있고 없음은 분명한 차이를 드러냅니다. 그런 점에서 육체의 생명은 가지고 있지만, 예수님이 말씀하신 참 생명을 소유하지 않은 사람은 하나님을 향해 움직이지 않습니다. "주님을 사랑하십시오. 하나님만 의지하십시오. 하나님 안에 안식이 있습니다. 하나님을 즐거워하십시오. 그의 계명을 좇아 행하십시오"라고 말해도 움직이지 않습니다. 아니, 움직일 수 없습니다.

이처럼 교회에 나와도 하나님을 향해 전혀 움직이지 않는 사람들이 있습니다. 하나님을 열렬히 예배하지 못하고 찬송하지 못하는 것은, 예수님이 말씀하신 이 생명이 자기 안에서 역동하지 않기 때문입니다. 그래서 거듭나야 하는 것입니다. 모태신앙인지 직분이 무엇인지는 중요하지 않습니다. 중요한 것은 거듭나는 것입니다. 거듭남의 진리가 중요한 이유가 바로 이것입니다. 그래서 교회는 이 거듭남의 문제를 확인하고 증거해야 합니다.

하나님으로 인한 행복을 모르고, 하나님을 사랑하는 마음도 없으며, 그분을 경외하는 것이 없다면 생명이 없는 자입니다. 예수님이 말씀하신 생명이 있는 자는 하나님으로 인해 행복을 느낍니다. 하나님으로 인해 안식과 기쁨을 경험합니다.

그런 점에서 그리스도인은 자녀의 생명을 위해서도 기도하며 양육해야 합니다. 자녀가 하나님을 경외하지 않고 사랑하지 않는 것은 생명이 없다는 표시입니다. 하나님을 예배하는 것에 마음이 없고 거룩에 대한 열망 없이, 그저 자기 자신만 생각하면서 자기 욕심, 자기 정욕, 자기 연민, 자기 성취, 그야말로 자기만 사랑하는 것도 생명이 없는 것입니다. 이런 자기 사랑의 상태에서 생겨나는 것은 생명 없는 자의 공허함과 무의미함, 불만과 불평, 염세적인 마음과 허무함뿐입니다. 물론 생명 있는 자에게도 내재하는 죄 된 본성이 일어나긴 합니다. 그러나 생명 있는 자는 그 본성을 분별하고 거스릅니다.

● 생명의 원천에 뿌리를 내린 성도

여기서 말하는 생명은 단순히 삶을 유지하거나 영원히 사는 것만을 말하지 않습니다. 이 생명은 본질적으로 삶의 질, 생명의 질을 말합니다. 달리 말해, 생명의 원천이신 그리스도 안에서 그분의 생명을 경험하며 누리는 것을 말합니다. 그래서 신자는 이 생명을 죽음 이후에 누리는 것이 아니라 지금 이 땅에서부터 누리게 됩니다. 예수님이 "내가 온 것은 양으로 생명을 얻게 하고 더 풍성히 얻게 하려는 것이라"(요 10:10)고 말씀하신 것도 그런 뜻입니다. 바로 지금 이 땅에서부터 그렇게 하길 원하신 것입니다. 그런 점에서 예수 그리스도 없이는 참된 생명을 말할 수 없습니다. 그리스도와 무관한 상태, 그분 없이 살아가는 상태는 생명 없는 상태요, 죽은 상태이기 때문입니다.

그러면 뿌리 뽑힌 나무 같은 인생이 생명을 얻는 길은 무엇일까요? 그것은 바로 생명의 원천이신 예수 그리스도 안에 다시 뿌리를 내리는 것입니다. 다시 말해, 생명이신 예수 그리스도를 믿음으로 그분과 연합하는 것입니다. 이것이 뿌리 뽑힌 나무 같은 존재가 다시 생명을 회복할 수 있는 유일한 길입니다. 그런 점에서 예수 그리스도를 믿는 자는 사망에서 생명으로 옮겨진 자입니다(요 5:24). 또 그리스도를 믿는 자에게는 영생이 있습니다(요 3:36). 이처럼 생명 또는 영생은 생명 자체이신 예수 그리스도와의 관계 속에서만 얻을 수 있습니다.

예수님은 "나는 생명이다. 나는 너희를 위한 생명이다"라고 말씀하십니다. 따라서 예수 그리스도를 믿는 자는 그 생명의 원천이신 예수 그리스도를 소유한 자요, 그 생명을 소유한 자입니다. 그리고 이 생명을 소유한 자는 죄와 사망에서 벗어났으므로 자유와 기쁨, 행복과 만족 같은 생명의 역동을 갖게 됩니다. 또 이 생명의 역동을 하나님을 향해 다각적으로 드러내면서, 예수 그리스도 안에서 인생의 가치와 의미, 목적을 발견하게 됩니다. 그리스도 안에서 생명을 소유한 자는 자신이 그저 육체로 있지 않다는 사실도 자각하게 됩니다.

그리스도를 믿음으로 예수 그리스도의 생명을 소유한 자는 그의 생명이 역사하는 자요, 결국 영생을 소유한 자입니다. 하나님의 자녀로서 하나님의 것으로 만족하고, 그것으로 자신을 유지하며, 그 안에서 삶의 의미를 발견하는 자입니다. 생명이신 예수 그리스도께서 죽음을 이기신 것처럼, 자신도 그리스도의 생명으로 하나님 아버지와 영원히 교제하며 살게 될 것을 알고 기뻐합니다. 그는 삶의 가치와 의미와 목적 모두 생명이신 예수 그리스도 안에서 보게 됩니다. 그리고 더 이상 세상의 하찮은 것으로 인해 인생의 진로를 바꾸지도 않습니다. 이 세상의 썩어질 것을 인생의 목표로 사는 자가 아닙니다. 신자는 바로 그런 자입니다.

삶의 의미를 잃고 권태를 느낀다면 생명이신 예수 그리스도 안에 있는 자신을 보십시오. 생명이신 예수님은 이 땅에서부터 우리 안에 있는 각종 죽음의 기운을 사라지게 하는 생명이셨습니다. 권태나 허무 같은 영적인 죽음의 기운을 느낀다면 생명이신 그리스도를 바라보십시오. 그분은 현재 삶에서부터 영원에 이르기까지 우리의 생명입니다. 우리는 예수 그리스도가 생명의 공급자요, 원천임을 알고 그분을 붙들어야 합니다.

예수 그리스도를 소유한 자, 곧 그를 믿는 자는 멸망을 생각하지 않습니다. 아니, 멸망이라는 것이 그에게는 존재하지 않습니다. 바로 이 생명 때문입니다. 진정한 생명이 있는 곳에는 멸망이 없습니다. 예수님은 요한복음 10장에서 이렇게 말씀하셨습니다. "내가 그들에게 영생을 주노니 영원히 멸망하지 아니할 것이요 또 그들을 내 손에서 빼앗을 자가 없느니라"(요 10:28).

신자의 죽음을 멸망으로 취급하지 않는 것도 바로 이 때문입니다. 성경은 죽음을 잠자는 것으로 표현합니다. 죽음은 성화에서 영화로 들어가는 문일 뿐입니다. 그리스도를 믿는 자는 바로 이 생명을 지금부터 소유하고 영원까지 누리게 됩니다. 우리의 생명이신 예수 그리스도께서 죽지 않고 부활하셨기 때문입니다. 따라서 그를 믿는 자가 가진 생명은 하나님 아버지와 영원히 함께하는 삶으로써의 생명이요, 하나님께서 기뻐하시는 것을 함께 기뻐하는 생명입니다. 신자는 바로 이 생명을 소유하고 영원히 누리게 됩니다.

● 우리가 근심하지 않을 이유, 예수님

예수님은 자신이 떠난다는 사실 앞에서 현재와 미래를 걱정하는 제자들과 우리에게 말씀하십니다. "나는 너희를 위한 생명이다." 예수님은 우리의 미래를 고작 몇십 년 정도 보장하시는 분이 아닙니다. 그분은 우리의 영원한 삶을 보장하십니다. 그런 의미에서 "나는 생명이다. 유일한 생명, 바로 그 생명이다"라고 말씀하신 것입니다. 바로 그분이 영원한 거처에 이르는 길이요 진리요 생명이 되어, 우리로 하여금 하나님 아버지께 이르게 하십니다. 예수님은 자신이 예비하신 영원한 거처에서 우리를 살게 하실 것입니다.

그러므로 영원한 삶에 이르는 길에 대해 걱정하지 마십시오. 미래에 대해 근심하지 마십시오. 제자들이 이 문제로 근심하고 있었기에, 예수님은 무엇이 생명으로 이끄는 길인지 걱정하지 말라는 뜻에서 그렇게 말씀하신 것입니다. 만약 이것이 사실이 아니라면 우리는 바울이 말한 것처럼 이 세상에서 가장 불쌍한 사람이 될 것입니다(고전 15:19).

마지막으로 핑크의 글을 인용하고 싶습니다.

> 나는 길이요. 그리스도가 없으면 인간은 가인 같은 자들, 즉 방랑자들일 것입니다. 그들은 다 길에서 치우쳤나니. 그리스도는 인간에게 단순한 안내자로서 오신 것만은 아닙니다. 그분이 곧 아버지께로 이르는 길입니다.
>
> 나는 진리요. 그리스도가 없으면 인간은 거짓의 아비인 마귀의 수중에 있게 됩니다. 그리스도는 인간에게 하나님에 관한 교리를 계시해 주기 위해 오신 단순한 스승만은 아닙니다. 그분이 곧 하나님에 관한 진리입니다. 나를 본 자는 아버지를 본 것이니라.
>
> 나는 생명이다. 그리스도가 없으면 인간은 허물과 죄 속에 죽어 있을 것입니다. 그리스도는 옛 본성을 고무시키고 그 야비함을 세련되게 하며 그 결함을 고쳐 주기 위해 오신 단순한 의사만은 아닙니다. 내가 온 것은 양으로 생명을 얻게 하고 더 풍성히 얻게 하려는 것이다.[07]

우리가 믿는 예수 그리스도는 우리의 미래를 완전히 충족하는

---

[07] 같은 책, pp.223-224.

분으로 계십니다. 그분만 있으면 미래의 삶, 아니 영원한 삶에 이르는 모든 과정이 안전하고 확실합니다. 미래가 근심된다면 우리의 길과 진리와 생명이신 예수 그리스도를 바라보십시오. 그분이 계심을 확인하고 그분 안에서 안식하십시오. 이것이 믿음으로 사는 길입니다.

히브리서 11장에 나오는 믿음의 사람들이 하나님 안에 있는 구원과 생명을 바라며 믿음으로 나아갔던 것처럼, 우리도 예수 그리스도가 우리의 생명이요 보장임을 믿고 가야 합니다. 우리의 영원한 미래, 하나님 아버지의 품에 이르기까지 그 과정의 모든 것이 예수 그리스도 안에 준비되어 있습니다.

이 은혜의 부요함을 붙들고 사십시오. 이것이 바로 신자의 행복입니다. 예수 믿는 것의 행복은 다른 것이 아닙니다. 학업이나 사업에서 성공한 것으로 즐거워할 게 아닙니다. 그것은 모두 지나가는 일시적인 것입니다. 지금 예수님은 우리에게 영원한 것을 말씀하십니다. 예수님만이 그 모든 것을 완전히 채우실 수 있습니다. 바로 그분이 우리에게 있습니다. 이 놀라운 복이 자신에게 있음을 발견하고 그분 안에서 안식하십시오.

Chapter 12

포도나무이신 주님

"내 안에 거하라 나도 너희 안에 거하리라 가지가 포도나무에 붙어 있지 아니하면 스스로 열매를 맺을 수 없음 같이 너희도 내 안에 있지 아니하면 그러하리라 나는 포도나무요 너희는 가지라 그가 내 안에, 내가 그 안에 거하면 사람이 열매를 많이 맺나니 나를 떠나서는 너희가 아무 것도 할 수 없음이라" _ 요 15:4-5

● 친숙하고도 깊은 포도나무 비유

예수님이 'I am' 뒤에 덧붙이신 마지막 내용으로 요한복음 15장의 "나는 포도나무다"라는 말씀을 살펴보겠습니다. 이 말씀을 이해하기 위해서는 먼저 요한복음 14장 마지막 구절을 주목해야 합니다. 예수님은 마지막 만찬을 마치신 후 "일어나라 여기를 떠나자"(요 14:31)고 말씀하시며 다락방에서 일어나, 제자들과 함께 기드론 시내 건너편 동산으로 들어가셨습니다(요 18:1). 요한복음 15장 4-5절 말씀은 예수님이 다락방에서 나오신 후 겟세마네 동산으로 들어가시기 전에 하신 말씀입니다. 일반적으로 다락방에서 나오셔서 예루살렘 성전으로 가는 어느 지점에서 말씀하신 것으로 보입니다. 특히 예루살렘 성전 문에는 이스라엘 민족을 상징하는 포도나무가 그려져 있었기 때문에 예수님은 그 그림을 보셨거나, 예루살렘 성전으로 가는 도중 어떤 언덕을 지나시다가 거기에 있는 포도나무를 보고 이 말씀을 하셨다고도 생각할 수 있습니다.

예수님이 말씀하신 장소가 어디였든 포도나무 비유는 제자들에게 친숙했을 것입니다. 구약성경에도 이스라엘을 포도나무로 비유한 내용이 많기 때문입니다. 그런데 예수님이 말씀하신 구약의 포도나무 비유와는 뚜렷하게 구별되는 특징이 있습니다. 구약에 나오는 포도나무 비유는 대체로 부정적인 사실을 말하는 반면, 예수님의 비유는 그런 부정적인 사실이 예수님 안에서 극복될 것을 말하고 있기 때문입니다. 좀 더 구체적으로 말해, 예수님의 비유는 이스라엘 백성이 열매 맺지 못한 것을 포도나무 자체이신 예수 그리스도 안에 있는 자들이 열매 맺게 될 거라 말합니다.

먼저 구약의 포도나무 비유 중 이사야 5장은 이렇게 말합니다. "… 내가 사랑하는 자에게 포도원이 있음이여 심히 기름진 산에로다 땅을 파서 돌을 제하고 극상품 포도나무를 심었도다 그 중에 망대를 세웠고 또 그 안에 술틀을 팠도다 좋은 포도 맺기를 바랐더니 들포도를 맺었도다"(사 5:1-2). 그리고 뒤에 이렇게 덧붙입니다. "무릇 만군의 여호와의 포도원은 이스라엘 족속이요 그가 기뻐하시는 나무는 유다 사람이라 그들에게 정의를 바라셨더니 도리어 포학이요 그들에게 공의를 바라셨더니 도리어 부르짖음이었도다"(사 5:7). 하나님은 극상품 포도나무, 즉 이스라엘을 애굽에서 가져다가 가

나안 땅에 심으시고 좋은 열매 맺기를 기대하셨지만, 이방인들이나 맺는 열매를 맺었다는 것입니다. 이후에 하나님께서는 예레미야 선지자를 통해서도 같은 사실을 말씀하셨습니다. "내가 너를 순전한 참 종자 곧 귀한 포도나무로 심었거늘 내게 대하여 이방 포도나무의 악한 가지가 됨은 어찌 됨이냐"(렘 2:21). 시편 80편 기자는 이것을 좀 더 구체적으로 진술합니다. "주께서 한 포도나무를 애굽에서 가져다가 민족들을 쫓아내시고 그것을 심으셨나이다 주께서 그 앞서 가꾸셨으므로 그 뿌리가 깊이 박혀서 땅에 가득하며"(시 80:8-9). 그리고 이어서 그 포도나무가 하나님의 기대에 못 미쳐 하나님에 의해 멸망당하는 것을 안타까워합니다. "주께서 어찌하여 그 담을 허시사 길을 지나가는 모든 이들이 그것을 따게 하셨나이까 … 그것이 불타고 베임을 당하며 주의 면책으로 말미암아 멸망하오니"(시 80:12, 16). 이 외에도 에스겔과 호세아서에서도 이스라엘은 포도원으로 비유됩니다.

● 새 포도나무이신 그리스도

구약에서 이스라엘 백성을 표현한 포도나무는 결국 잘리게 됩니다. 그러나 궁극적으로 잘린 나무의 그루터기에서 새순이 나와 자라게 될 새 포도나무에 대한 전망과 소망이 담겨 있습니다. 그 새순은 이새(다윗의 아버지)의 뿌리에서 나온 예수 그리스도입니다. 즉, 예수님은 비유에서 자신을 새 포도나무로 묘사하신 것입니다.

예수님이 포도나무 앞에 '참'이라는 말을 붙여 '참포도나무'라 하신 것은 그런 의미입니다. 구약의 이스라엘이 맺지 못한 열매, 곧 하나님이 목적하고 기대하신 열매를 이제 참포도나무이신 예수 그리스도 안에서 맺을 거라 말씀하신 것입니다.

포도나무의 정체성은 열매 맺는 데 있습니다. 그것 아니면 포도나무는 거의 쓸모가 없습니다. 하나님은 이 사실을 에스겔 선지자를 통해 조소하듯 말씀하셨습니다. "포도나무가 모든 나무보다 나은 것이 무엇이랴 … 그 나무를 가지고 무엇을 제조할 수 있겠느냐"(겔 15:2-3). 포도나무로 만들 수 있는 것은 거의 없습니다. 잘 타지도 않아 땔감으로도 쓸모가 없습니다. 포도나무의 가치는 열매에 있습니다. 포도나무는 작아도 열매를 주렁주렁 맺습니다. 그것이 포도나무의 가치요 목적입니다. 예수님은 십자가로 가는 길에서 "나는 포도나무다" 말씀하시며, 자신에게 연합된 가지 같은 제자들, 곧 예수님을 믿는 자들이 열매를 풍성히 맺을 거라 말씀하셨습니다.

요한복음 15장 5절의 "나는 포도나무요 너희는 가지라 그가 내 안에, 내가 그 안에 거하면 사람이 열매를 많이 맺나니 나를 떠나서는 너희가 아무것도 할 수 없음이라"는 말씀은 포도나무에 붙은 가지, 곧 그리스도인의 존재 이유는 다른 것이 아니라 열매 맺는 것임을 분명히 말해 줍니다. 또 8절에서 예수님은 "너희가 열매를 많이 맺으면 내 아버지께서 영광을 받으실 것"이라고 말씀하십니다. 다시 말해, 많은 열매를 맺어 하나님께 영광 돌리는 것이 그리스도에게 붙은 가지의 존재 이유라는 것입니다. 이것이 예수님이 자신을 포도나무로 묘사하신 비유의 의도입니다.

이처럼 "나는 포도나무다"라는 말씀은 단순히 예수님 자신을 설명하기 위한 비유가 아니라, 그분을 믿는 우리가 어떤 존재인지, 그리고 그분과 우리의 관계가 어떤 의미인지를 말해 주는 비유입니다. 예수님은 우리를 위한 포도나무입니다. 그리고 우리는 스스로 열매 맺을 수 없는 존재입니다. 특히 하나님이 기뻐하시는 열매, 하나님이 영광 받으시는 열매는 우리 스스로 맺을 수 없습니다. 이런 우리를 위해 예수님이 참포도나무가 되어, 자신 안에서 그의 생명을 힘입어 열매 맺을 수 있다고 말씀해 주셨습니다.

● 그리스도의 열매를 맺는 그리스도의 가지

참포도나무인 예수 그리스도에게 붙은 가지는 그분에게서 나온 열매를 맺습니다. 그 열매는 예수 그리스도의 성품이 반영된 열매, 그리스도를 닮은 열매입니다. 그리스도 안에서, 곧 그의 생명을 힘입어 맺는 이 열매로 하나님이 영광을 받으십니다. 신자는 그리스도에게 붙어 있는 가지로서 그리스도의 열매, 그리스도를 닮은 열매를 맺어 하나님께 영광을 돌립니다.

나무의 생명이 가지에 전달되듯 우리는 그리스도에 연결되어 그분의 생명을 공유합니다. 가지인 그리스도인은 나무인 예수 그리스도의 생명을 소유하고, 열매로써 그 생명을 드러냅니다. 이것이 예수님이 이 비유를 통해 강조하시는 바입니다.

이처럼 본문이 말하는 열매는 인간이 자생적인 능력을 발휘해 맺는 열매가 아닙니다. 세상 사람들도 자기 노력으로 열매 같은 성과를 거두기도 합니다. 그러나 인간의 본성이나 자기 실력만 의지해서 나온 결과는 성경이 말하는 열매가 아닙니다. 보기에는 두 열매가 유사해 보이지만 성격은 완전히 다릅니다. 예수님이 말씀하시는 열매는 그리스도의 생명이 드러남으로써 맺는 열매이기 때문입니다. 요한복음 15장에서 그리스도의 생명이 결국 그리스도의 성품으로 드러난다는 것을 발견하게 됩니다.

그러면 그리스도의 성품에는 구체적으로 어떤 것이 있을까요? 가장 주목할 만한 내용이 갈라디아서 5장에 나오는 성령의 아홉 가지 열매입니다. 성령은 항상 그리스도와 연관지어 사역합니다. 그래서 성령의 열매의 근원은 그리스도입니다. 성령의 열매는 결국 그리스도와의 연합 속에서 맺는 열매를 가리킵니다.

요한복음도 이 사실을 대략적으로 언급합니다. 예를 들면, 요한복음 14장 27절에서 예수님은 "나의 평안을 너희에게 주노라"고 말씀하십니다. 여기서 평안은 평화 또는 화평을 말합니다. 또 요한복음 15장 9절에서는 "나도 너희를 사랑하였으니 나의 사랑 안에 거하라"고 하시고, 10절에서는 "내 계명을 지키면 내 사랑 안에 거하리라"고 말씀하시면서, 그분의 사랑 안에서 맺는 사랑의 열매를 말씀하셨습니다. 또 11절에서는 "내 기쁨이 너희 안에 있어 너희 기쁨을 충만하게 하려 함이라"고 하시면서 기쁨을 말씀하셨습니다.

지금까지 언급한 평안, 사랑, 기쁨 이 세 가지는 갈라디아서에서 말한 성령의 아홉 가지 열매 중 가장 먼저 언급되는 것들입니다. 즉, 사랑, 희락(기쁨), 화평(평안)을 가리킵니다. 바로 이런 성령의 열매가 그리스도 안에서 신자가 맺는 열매입니다. 다시 말해, 성령의 열매로 언급된 아홉 가지 열매는 모두 그리스도를 닮아서 맺는 열매입니다. 그것은 그리스도와 무관하게 맺는 열매가 아닙니다. 성령 하나님은 그리스도와 관련해서만 우리 안에서 일하시기 때문입니다. 결국 예수님은 자신을 포도나무 우리를 가지로 말씀하시면서, 바로 그런 성품의 열매가 우리의 인격 안에서 맺혀야 함을 말씀하신 것입니다.

그리스도의 생명이 인격 안에서 그분의 성품으로 나타나고 있는지 보십시오. 누군가를 이타적으로 사랑하는 것, 시련 속에서도 기뻐하는 것, 불안하고 두려운 현실 속에서도 평안을 누리는 것 등은 우리 스스로 만들어낼 수 없습니다. 가지가 본 줄기에서 생명을 끌어오듯, 그것은 모두 참포도나무인 그리스도로부터 와야만 합니다. 다시 말해, 그것은 모두 신적인 성품을 가리킵니다. 예수님이 사랑과 평안, 기쁨 앞에 '나의 사랑' '나의 평안' '나의 기쁨'이라고 말씀하신 것도 바로 이 때문입니다. 예수님은 바로 그것을 우리에게 주시고, 또 가질 것을 말씀하셨습니다.

● 그리스도 안에서 계명과 뜻을 따르는 삶

그런데 여기서 예수님은 그런 성품의 열매만을 말씀하신 것은 아닙니다. 물론 그런 성품이 행실로 나타나야 하지만, 예수님은 그것을 주님의 뜻에 순종하는 것이라고 좀 더 구체적으로 말씀하셨습니다. 10절에서 "내 계명을 지키면"이라 말씀하셨고, 12절과 14절에서도 계명을 지키는 것에 대해 말씀하셨기 때문입니다. 또 16절에서는 "너희로 가서 열매를 맺게 하고 또 너희 열매가 항상 있게 하여"라고 하시면서, 열매 맺는 것을 주님의 계명을 따라가는 것, 순종하는 것과 연결해서 말하고 있기 때문입니다.

예수님은 거기서 더 나아가 세상이 우리를 미워하고 박해할 텐데, 그런 세상 속에서도 그리스도의 성품을 드러내면서, 그리스도를 증거하고 그리스도의 뜻을 따라 행하며 사는 것까지 열매로 말씀하셨습니다. 이처럼 그리스도의 생명으로 말미암는 열매는 인격 안에서 그리스도의 성품으로 나타나는 것뿐 아니라, 행실로도 나타나는 것을 말합니다. 그것이 바로 예수님이 말씀하신 열매입니다.

예수님은 그런 열매를 맺게 하기 위해 이 땅에서 오셨습니다. 구약의 이스라엘 백성의 실패를 완전히 고치기 위해 오셨고, 우리와 관계를 맺으면서 실제로 우리를 위해 많은 열매를 맺게 하는 분으로 오셨습니다.

안타깝게도 오늘날 교회 안에 있는 많은 사람이 성경이 말하는 열매와는 전혀 상관없는 것을 열매로 취급합니다. 자기가 한 것을 하나님 앞에 열매로 내놓습니다. 성경이 말하는 열매는 그런 것이 아닙니다. 그것은 철저히 그리스도의 것이고, 그리스도에게서 나오는 열매입니다. 그래서 그리스도의 생명이 드러나는 열매입니다. 그분의 뜻을 따라 행한 것으로 나오는 열매입니다.

마지막 날 주님이 우리가 맺은 열매를 보실 때, 이 땅에서 엄청난 성과를 이루었다고 자랑한 사람들이 막상 그곳에서는 열매가 하나도 없을 수 있습니다. 생각만 해도 끔찍한 일입니다. 성경이 말하는 열매를 제대로 이해하지 못했기 때문에 일어나는 일입니다.

자신의 인격과 삶 속에서 주님 닮은 열매를 맺고 있는지 돌아보십시오. 이 문제는 우리를 부담스럽게 할 수 있습니다. 그러나 예수님이 스스로 우리를 위한 포도나무라 말씀하신 것을 기억하십시오. 주님은 근원적으로 열매 맺을 수 없는 우리를 열매 맺게 하실 뿐 아니라, 더욱 풍성히 맺도록 하기 위해 "나는 너희를 위한 포도나무다"라고 말씀하셨습니다. 이 말씀을 제대로 이해하면 우리는 더욱 부요해질 수 있습니다.

● 그분의 것을 누림이 열매다

그러면 사랑과 기쁨, 평안의 열매는 각각 무엇을 말할까요? 먼저 사랑은 우리에게 매우 익숙하면서도 어렵습니다. 그러나 "나도 너희를 사랑하였으니 나의 사랑 안에 거하라"(요 15:9)는 말씀대로 주님의 사랑을 누리면서 그 사랑을 자신의 인격과 삶 속에서 열매로 맺는지 돌아보아야 합니다.

인격 안에서 그리스도의 사랑을 열매로 맺는 길은 무엇보다 주님의 사랑을 확신하는 것입니다. 신자는 예수 그리스도의 사랑을 입은 자임을 확신합니다. 아무리 힘들고 어려워도 주님이 자신을 사랑하심을 믿습니다. 이것이 예수님이 말씀하신 사랑 안에 거하는 것입니다.

그리스도께서 십자가에서 보여 주신 무한한 사랑에 대한 믿음과 확신의 열매가 자신 안에 있는지 보십시오. 신자는 바로 그 사랑으로 다른 사람을 사랑하게 됩니다. 이타적인 사랑이 자기에게서 나타나고, 그 열매가 인격 안에서부터 행실로 드러나는 것, 그것이 포도나무이신 그리스도의 생명이 가지인 신자에게 흘러가 열매를 맺는 것입니다.

예수님이 '나의 기쁨'이라고 하신 그 기쁨이 인격과 삶 속에서 열매로 나타나고 있는지도 살펴보십시오. 예수님은 요한복음 15장 11절뿐 아니라 요한복음 17장에서도 대제사장으로서 이렇게 기도하셨습니다. "그들로 내 기쁨을 그들 안에 충만히 가지게 하려 함이니

이다"(요 17:13).

예수님은 이 땅에 계실 때 수많은 대적자에게 고난당하시고 질고를 지셨습니다. 그러나 아버지의 사랑 안에 거하면서 기쁨을 가지셨습니다. 그리고 그 기쁨을 우리에게 주신다고 말씀하셨습니다. 이 기쁨의 열매가 자기 내면과 삶 속에 있습니까? 고난과 어려움 속에서도 주님의 사랑 안에 거하고 주님을 바라봄으로써 기뻐하는 열매를 맺고 있습니까?

그리스도인의 기쁨의 근거는 우리에게 있지 않습니다. 우리 자신이나 우리의 삶을 보면 기쁨은 생기지 않습니다. 우리는 가지 같은 자이므로 이러한 기쁨을 스스로 갖지 못합니다. 우리는 영적인 생명을 그리스도로부터 받아야 기쁨의 열매를 맺을 수 있습니다. 가지인 우리가 포도나무이신 예수 그리스도로부터 생명을 얻는 것, 그것이 우리가 기뻐할 수 없는 상황에서도 기뻐할 수 있는 유일한 길입니다. 기뻐할 수 없는 상황에서도 주님을 바라보며 그분과 교제할 때 기쁨을 누릴 수 있습니다. 이것을 잘 보여 주는 사람이 바울입니다. 바울은 감옥에서도 온통 마음이 주님께 가 있었습니다. 그래서 주님 안에서 기뻐할 수 있었고, 심지어 다른 사람에게도 기뻐하라고 말할 수 있었습니다(빌 3:1; 4:4, 10).

자신을 보지 말고 그리스도를 바라보십시오. 기쁨의 근거이신 그분을 바라보십시오. 그분을 바라보지 않고 그분과 교제하지 않으면, 여기서 말하는 기쁨을 가질 수 없습니다. 어떤 상황에 처해 있든 기쁨의 근원이신 예수 그리스도를 의지하지 않으면, 기쁨의 기운은 전혀 보이지 않습니다.

포도나무이신 주님은 자신의 기쁨을 우리에게 주겠다고 말씀하십니다. 그것도 충만하게 말입니다. 이것을 믿고 포도나무이신 그리스도께 붙으십시오.

평안도 마찬가지입니다. 우리가 본성적으로 갖지 못합니다. 하나님과 불화한 본성 속에서 평안을 상실한 채 살고 있기 때문입니다. 특히 하나님보다 처한 상황을 먼저 생각하며 살기 때문입니다. 그래서 평화를 누리지 못하고 오히려 항상 평화를 깨는 쪽으로 기웁니다. 그리고 그로 인해 늘 불안하고 두렵습니다. 미래도 두렵고 앞으로 일어날 일도 두렵습니다.

새해가 되면 교황은 평화의 메시지를 말하는데, 얼마든지 그렇게 평화를 말하고 바랄 수 있습니다. 그러나 그렇다고 자동적으로 평화를 갖게 되는 것은 아닙니다. 예수 그리스도를 믿고 그분과 연결되지 않는 한, 그분 안에서 그분의 평안을 갖지 않는 한, 이 세상은 평화를 가질 수 없습니다. 오히려 참된 평화가 없는 상태만 계속 경험할 뿐입니다.

그러나 누구든지 그리스도와 연합하여 그분 안에 거하면, 그리스도의 평안을 가짐으로써 불안하고 두려운 현실 속에서 요동하지 않고 평안할 수 있습니다. 그 평화를 내면에서부터 삶으로 드러낼 수 있습니다. 바울이나 믿음의 선진들이 그것을 잘 증거했습니다.

그들은 옥중에서 고문과 시련을 당하면서도 평안을 경험했습니다. 존 폭스의 『순교자 열전』에도, 죽기 직전에 매우 힘들어하다가 예수 그리스도에 대한 믿음으로 죽음 앞에서 평안을 경험하는 그리스도인들 이야기가 많이 나옵니다.

지금까지 살핀 세 가지 열매는 포도나무이신 예수 그리스도와 연합한 가지로서 맺는 열매입니다. 그리스도와 연합한 그리스도인은 열매가 없을 수 없습니다. 그리스도인은 포도나무에 붙은 가지 같아서 그리스도의 생명을 공급받기 때문입니다. 그래서 자기 성품에 조금이라도 변화가 있을 수밖에 없습니다. 과거에는 자기중심적으로 살고 하나님 뜻대로 사는 것이 불가능했다면, 이제는 그리스도의 생명이 공급됨으로써 조금씩 열매를 맺게 되는 것입니다.

● 그리스도 안에 항상 거하라

열매 맺는 데는 사람마다 차이가 있습니다. 그래서 예수님은 요한복음 15장 8절에서 열매를 '많이' 맺는 문제를 말씀하시고, 16절에서도 열매가 '항상' 있을 것을 말씀하십니다. 열매는 사람마다 많고 적음이 있을 수 있습니다. 그러나 이 차이를 가볍게 여겨서는 안 됩니다. 열매 맺지 않는 가지에 대해 가지치기를 말씀하셨기 때문입니다.

예수를 믿으면서도 열매가 없는 사람은 세상적인 열매만 맺을 가능성이 큽니다. 그가 열매를 맺지 못하는 데는 이유가 있습니다. 열매 맺을 수 있는 조건, 즉 "내 안에 거하라"는 말씀 속에서 찾을 수 있습니다. 5절에서도 "그가 내 안에, 내가 그 안에 거하면 사람이 열매를 많이 맺나니 나를 떠나서는 너희가 아무것도 할 수 없음이라"고 말씀하셨습니다. 물론 이것은 구원과 관련해서 말씀하신 것은 아닙니다. 이것은 그리스도와 연합한 자가 그분의 권면을 따라 열매 맺는 것과 관련된 말씀입니다. 이것은 요한복음 15장에서만 열 번이나 나올 정도로 반복되고 있습니다.

여기서 '거한다'는 말은 지속적으로 머무는 것을 뜻합니다. 다시 말해, 오늘은 주님 곁에 있다가 내일은 주님을 신뢰하지 않고 멀어지는 것이 아니라, 계속해서 주님을 신뢰하며 주님을 바라보는 것을 의미합니다. 포도나무와 가지처럼 그리스도와 자신이 하나로 연합되어 있음을 항상 인식하며, 주님과 계속해서 교제하는 것을 말합니다. 결국 주님께 전념하는 것이고, 주님을 향한 믿음을 매일 구체적으로 발휘하는 것입니다. 이처럼 사랑과 기쁨, 평안 같은 그리스도의 성품, 그분의 뜻에 순종하는 인격과 삶을 열매로 맺으려면 주님 안에 항상 거해야 합니다.

한편 '거하라'는 명령어는 우리가 이 명령에 불순종할 수 있음을 전제하는 말입니다. 다시 말해, 우리가 그리스도께 마음을 전념하지 않고 믿음을 발휘하지도 않으면, 열매를 많이 맺지 못할 수도 있다는 뜻입니다. 그렇게 열매는 없고 이름뿐인 유명무실한 교회를 향해 주님은 촛대를 옮기겠다고 경고하셨습니다.

중요한 것은 우리가 어떤 상태에 있든 포도나무의 가지임을 기억하는 것입니다. 그리스도인은 독립된 가지가 아니라 포도나무에 붙은 가지입니다. 예수 그리스도와 연합한 존재입니다. 예수님은 우리를 위한 포도나무로, 우리에게 생명을 공급하는 분입니다. 우리는 그런 주님께 붙은 가지 같은 존재임을 잊어서는 안 됩니다.

우리는 포도나무에 붙어서 생명을 공급받기만 하면 열매를 맺을 수 있습니다. 그저 그리스도 안에 거하기만 하면 됩니다. 오늘도 내일도, 또 어렵고 힘들 때도 주님을 항상 신뢰하며 의지할 때, 주님은 우리에게 열매를 맺게 하십니다. 그분 안에서 평안과 기쁨을 경험하게 하십니다. 그렇게 우리가 열매를 맺을 때, 예수 믿는 일은 즐겁고 기쁜 일이 됩니다. 이러한 열매는 뒤로한 채, 뭔가 감각적으로 체험하는 것에서 신앙생활의 동기를 부여받는 것은 위험합니다.

고난 가운데서도 하나님을 신뢰하고 의지함으로써 그리스도의 생명이 자기 안에서 역동하는 것을 경험해야 합니다. 그리하여 요동하지 않고 오히려 주님으로 인해 기뻐하고 평안할 수 있는 그런 열매를 맛보아야 합니다. 이것이 예수 믿는 것의 진수입니다. 견딜 수 없을 것 같은 상황에서도, 주님은 그 안에 거하는 자에게 생명의 진액을 공급하십니다. 주님의 기쁨, 주님의 평안, 주님의 사랑을 경험하게 하십니다. 그것을 우리의 인격과 삶 속에서 열매로 드러나게 하십니다. 주의 사랑이 얼마나 큰지 확신하게 되면, 그로 인해 기뻐하고 평안을 맛보게 됩니다.

 그런 열매를 맺을 수 없다고 쉽게 단정하며 낙심하지 마십시오. 자신의 부족과 한계에만 시선을 두지 마십시오. 자기 안을 들여다보지 마십시오. 거기서 시선을 돌려 포도나무이신 예수 그리스도를 바라보십시오. 생명의 원천이요 영적인 열매의 근원이신 주님을 의지하십시오. 우리는 오직 주님 안에서만 사랑과 희락과 화평의 열매를 맺을 수 있습니다. 따라서 아무리 힘들고 어려운 상황에 있더라도 그리스도 안에 거하십시오. 믿음을 발휘하십시오. 그분께로 향하는 실천적인 믿음이 없으면 열매를 맺을 수 없습니다.

Chapter 13

우리를 위한 죽음이 되신 주님

"대답하되 나사렛 예수라 하거늘 이르시되 내가 그니라 하시니라 그를 파는 유다도 그들과 함께 섰더라 예수께서 그들에게 내가 그니라 하실 때에 그들이 물러가서 땅에 엎드러지는지라" _ 요 18:5-6

● "내가 그니라" 하신 분의 신성

지금까지 '에고 에이미'라는 표현을 통해 자신을 여호와 하나님으로 계시하신 말씀을 살펴보았습니다. 특히 요한복음은 그분이 우리를 위한 생명의 떡, 세상의 빛, 양의 문, 선한 목자, 부활과 생명, 길과 진리와 생명, 참포도나무이심을 잘 말해 줍니다. 이 말씀을 통해 구약에서부터 자신을 여호와 하나님으로 계시하신 분께서 친히 육신을 입고 오셔서, 죄인인 우리를 위해 자신을 내어 주시고, 우리의 모든 것이 되신 사실을 보게 됩니다. 하나님의 풍성한 은혜가 '에고 에이미'와 거기에 더해진 말씀을 통해 우리에게 나타난 것입니다. 이것은 매우 큰 복입니다. 이로 인해 말할 수 없는 위로와 영적인 유익을 풍성히 얻게 됩니다.

이제 이 책을 마무리하면서 자신을 '에고 에이미'로 계시하신 주님의 은혜의 또 한 가지 면을 상고해 보겠습니다. 요한복음 18장에서 예수님은 지금까지 살펴본 것처럼 'I am'에 어떤 말씀을 덧붙여 주시기보다, 자신의 행위를 통해 자신에 대한 뭔가를 나타내십니다. 본문의 시간적 배경은 겟세마네 기도 이후입니다. 예수님은 앞으로 자신이 져야 할 무시무시한 죄와 그 죄로 인한 하나님의 심판을 생각하면서 깊은 고뇌 속에서 기도하신 후, 가룟 유다가 예수님을 잡으려고 데려온 군인들과 마주쳤습니다. 아직 동트기 전이라 등과 횃불을 가지고 온 것으로 보입니다. 예수님은 자신이 잡힐 때가 왔다는 것을 아시고 다가오는 군사들에게 물으셨습니다. "너희가 누구를 찾느냐"(요 18:4). 그들 중 한 사람이 "나사렛 예수라"(요 18:5)고 대답했습니다. 그러자 예수님은 "내가 그니라"(요 18:5)고 말씀하셨습니다.

여기서 한 가지 흥미로운 사실은 예수님이 그렇게 말씀하시자, 예수님을 잡으러 온 군인들과 하수인들이 모두 뒤로 물러가 땅에 엎드러졌다는 것입니다. 예수님은 그저 "내가 그니라"고 말씀하셨을 뿐인데, 그들이 뒤로 물러가서 땅에 엎드러진 것입니다. 이는 예수님이 어떤 분인지 보여 주는 또 하나의 중요한 장면입니다.

여기서 "내가 그니라"는 말씀은 지금까지 우리가 살펴본 '에고 에이미'와 동일한 표현입니다. 그렇다면 이는 단순히 "내가 그 사람이다"라고 말하는 수준의 표현이 아님을 짐작하게 됩니다. 이것은 예수님이 신성을 드러내신 표현입니다. 결국 예수님은 자신이 구약에서부터 말해 온 여호와 하나님임을 "내가 그니라"는 말씀으로 드러내신 것입니다. 여호와 하나님께서 시내산 떨기나무에서 나타나셔서 모세에게 "나는 스스로 있는 자"(출 3:14)라고 하신 그 말씀을 여기서 다시 하신 것입니다. 쉽게 말해 "나는 여호와 하나님이다"라고 말한 셈입니다. 그러자 사람들이 물러가서 땅에 엎드러진 것입니다.

● 그분의 신성보다 더 놀라운 사실

더 놀라운 사실은 그다음부터 전개되는 내용입니다. 모세에게 자신은 여호와라 말씀하신 그분께서, 자신의 생명을 버릴 권세로써 사람들에게 잡혀가셨다는 사실입니다. 예수님은 이것을 이미 요한복음 10장에서도 말씀하셨습니다. "내가 내 목숨을 버리는 것은 그것을 내가 다시 얻기 위함이니 이로 말미암아 아버지께서 나를 사랑하시느니라 이를 내게서 빼앗는 자가 있는 것이 아니라 내가 스스로 버리노라 나는 버릴 권세도 있고 다시 얻을 권세도 있으니 이 계명은 내 아버지에게서 받았노라 하시니라"(요 10:17-18).

겟세마네 동산에서 잡히실 때 예수님은 "에고 에이미"라고 말씀하신 후, 어떤 말을 덧붙이신 것이 아니라 행동으로 말씀하셨습니다. 즉, 십자가의 죽음을 향해 나아가는 행동을 통해 우리를 위해 자신이 할 수 있는 최고의 것, 즉 우리를 위해 자기의 전부를 내어주는 것을 보여 주셨습니다. 이로써 이제까지 자신을 가리켜 '우리를 위한 무엇'이라 하셨던 그 모든 말씀이 사실임을 확증하셨습니다. 아니, 어쩌면 '에고 에이미' 뒤에 덧붙이신 말씀으로는 다 표현할 수 없던 것을 친히 십자가로 가심으로써 보여 주신 것입니다. 다시 말해, 예수님은 '에고 에이미' 뒤를 십자가의 죽음으로 채워 "나는 너희를 위한 죽음이다. 나는 너희를 위한 십자가의 죽음이다"라고 말씀하신 것입니다. 행위를 통한 놀라운 계시를 주신 것입니다. 예수님이 "내가 그니라"고 하심으로써 사람들이 뒤로 물러가 엎드러진 것보다 더 놀라운 것이 바로 이것입니다. 전능하신 여호와 하나님께서 자기 앞에 엎드러진 그 사람들에게 잡혀가셔서, 마침내 십자가에 달려 죽으심으로 "나는 너희를 위한 죽음이다"라고 말씀하신 것입니다.

지금까지 살펴본 것처럼 예수님은 'I am' 뒤에 다양한 내용을 덧붙여 우리를 위한 무엇이 되신다고 말씀하셨습니다. 그것은 우리에게 큰 위로와 힘이 되는 내용이었습니다. 그런데 주님은 이제 'I am' 뒤에 자신의 죽음을 넣어 강렬한 메시지를 주셨습니다.

● 우리를 위해 죽음이 되셨다

마가복음 14장에는 예수님이 대제사장 앞에 끌려가 심문받는 내용이 나옵니다. 거기서 어떤 사람이 예수 그리스도를 거짓 증거로 고소하는데, 예수님은 아무 말씀도 하지 않으셨습니다. 대제사장이 왜 아무 말도 하지 않는지 물었지만, 예수님은 여전히 말씀하지 않으셨습니다. 그러자 대제사장이 다시 묻습니다. "네가 찬송 받을 이의 아들 그리스도냐"(막 14:61).

그때 침묵하던 예수님이 말씀하십니다. "내가 그니라"(막 14:62). 이는 "나는 여호와 하나님 곧 찬송 받을 이의 아들이다"라고 말씀하신 것입니다. 그야말로 자신이 찬송과 영광을 받기에 합당한 하나님 자신임을 말씀하신 것입니다. 이처럼 주님은 그러한 분이심에도 계속 십자가의 죽음을 향해 나아가셨습니다. 바로 우리를 위해 'I am' 뒤를 자기의 죽음으로 채워 구원하기 위해서입니다. 우리는 그분으로 인해 죄의 삯인 죽음, 곧 영원한 죽음과 하나님의 진노와 심판을 면할 수 있게 되었습니다. 우리가 겪어야 할 하나님의 심판과 형벌을 예수님이 친히 당하셨기 때문입니다.

그뿐 아닙니다. 주님은 우리의 생명과 우리의 모든 것을 위해 죽음이 되셨습니다. 우리에게 생명을 주시는 '생명의 떡'이 되기 위해 죽음이 되셨고, 하나님과 교통하며 살도록 우리의 '문'이 되기 위해 죽음이 되셨습니다. 우리를 처음부터 끝까지 먹이고 채우고 인도하는 '목자'가 되기 위해 죽음이 되셨고, 우리의 '부활과 생명'이 되기 위해 죽음이 되셨습니다. 우리가 거할 영원한 처소인 하나님 아버지께 이르는 '길과 진리와 생명'이 되기 위해 죽음이 되셨고, 주님을 닮은 열매를 많이 맺게 하는 포도나무가 되기 위해 죽음이 되셨습니다.

여기서 반드시 알아야 할 사실이 있습니다. 찬송받기에 합당하신 하나님의 아들 예수 그리스도께서 십자가에 달려 죽으신 것은 단순한 죽음이 아니라는 사실입니다. 그분은 우리가 죄에서 구원받고 영생을 얻는 것뿐 아니라, 이 땅에 사는 동안 우리 영혼의 필요를 돌아보시고 채우시며, 마침내 많은 열매를 맺게 하기 위해 죽으셨습니다. 신자는 바로 이러한 주님을 알고, 그분으로 인해 기뻐해야 합니다. 예수 그리스도는 우리를 위해 모든 것을 이루셨고, 우리를 위한 모든 것이 되셨기 때문입니다. 예수님은 진실로 우리 영혼에 필요한 모든 것이 되기 위해 죽음이 되셨습니다. 우리는 바로 이러한 주님을 삶 속에서 누려야 합니다. 그것이 예수를 믿는 것입니다.

● 예수 그리스도를 믿는다는 것

이처럼 예수님은 우리의 존재와 삶의 모든 것을 채우시는 분입니다. 우리를 지금부터 영원까지 부요케 하기 위해 "나는 너희를 위한 죽음이다"라고 말씀하신 것입니다. 이로 인해 주님은 'I am' 뒤에 덧붙인 모든 내용을 가능하게 하는 분임을 드러내셨습니다. 그러므로 이렇게 말할 수 있습니다. "나는 나의 무엇 아니 모든 것이 되신 예수 그리스도가 계시니 모든 것이 족하다. 바로 그 예수 그리스도가 정녕 내 모든 것의 대답이 되시기 때문이다."

그분은 우리의 존재와 삶뿐 아니라 이 땅에 살면서 경험하는 수많은 문제, 심지어 다양한 감정의 문제에 대해서도 우리의 해답이 되십니다. 이것을 믿기 전까지 'I am'이 되신 예수 그리스도를 믿고 누린다고 할 수 없습니다. 이것을 믿지 못해 그분을 바라보지 않거나 의지하지 않는다면, 그의 신앙은 형식적이거나 진실하지 못할 가능성이 큽니다.

예수님은 자기가 육신이 되어 이 땅에 오신 여호와라고 하시면서, 그 이후에 자신의 전부를 내놓으셨습니다. 'I am' 뒤에 자기의 생명을 내어주시는 죽음을 넣어서 우리에게 말씀하셨습니다. 그로 인해 우리는 그분의 전부를 갖게 되었습니다. 단순히 말씀으로만 그렇게 하신 것이 아니라, 우리를 위해 자신의 모든 것을 실제로 내어주셨습니다.

이것은 꾸며낸 이야기가 아닙니다. 역사적인 사실이요 계시입니다. 하나님이 친히 육신을 입고 이 땅에 와 보이신 것이고, 실제로 우리를 위해 행하신 일입니다. 우리를 위해 모든 것을 행하셨고, 앞으로도 행하실 일을 자기의 죽음을 통해 나타내셨습니다. 그러므로 이 사실을 못 믿고 못 누린다는 것은 예수 믿는 것이라고 할 수 없습니다.

오늘날 교회 안에는 교회생활에 익숙한 나머지 율법주의로 신앙생활하는 사람이 많습니다. 정작 이러한 내용은 믿고 누리지 못하면서, 자기가 행한 무엇으로 만족을 얻으려고 합니다. 그러나 이것은 다른 종교에도 있는 모습입니다. 기독교에는 다른 종교에서 찾을 수 없는 것, 바로 예수 그리스도로 인해 부유함을 누리는 것이 있습니다. '예배 빠지고 어디 가면 사고 나지는 않을까?' '예수를 잘 믿지 않으면 사업이 망하거나 자식에게 무슨 일이 생기는 건 아닐까?' 하는 수준에서 신앙생활하는 것은 기독교 신앙이 아닙니다.

예수님은 그런 수준의 신앙이 아니라, 곧 그런 기복적인 것을 위해서가 아니라, 이 세상의 그 무엇과도 비교할 수 없고 이 세상에서 얻어낼 수 없는 수많은 것을, 'I am' 뒤에 자기의 죽음으로 채워서 갖게 하십니다. 그분은 구약에서부터 여호와로 말씀하신 하나님, 곧 창조주요 주권자입니다. 바로 그분이 우리의 모든 것 되신다는 것을 자기의 십자가 죽음을 통해 말씀하셨습니다. 따라서 예수 믿는 우리는 그분의 전부를 갖게 되었습니다.

그런데 이 복음을 모른 채 다른 이유로 교회에 나온다면, 그것은 기독교라는 이름으로 종교생활하는 것이나 다름없습니다. 기독교는 그런 것이 아닙니다. 하나님의 죽음으로 인해 그분의 모든 것을 소유하게 되는 것, 바로 그것이 기독교가 말하는 복음입니다. 신자는 바로 이 복음의 부요함을 누리는 사람입니다. 이 영광스럽고 복된 내용을 모른 채 그저 교회만 왔다 갔다 하는 것은 매우 불쌍한 삶입니다.

누군가가 나를 위해 자기 생명을 준다는 것은 매우 엄청난 일입니다. 그런데 하나님이 육신이 되어 그리하셨습니다. 그야말로 자신의 전부를 주셨습니다. 그래서 우리는 마음이 혼란스럽고 감정이 요동치는 상황과 다양한 고통의 현실 앞에서도, 우리를 위해 죽음이 되신 주님을 바라보아야 합니다. 그 주님이 정녕 도움이 된다는 것을 믿고, 내 모든 필요를 채우심을 경험해야 합니다. 그것을 경험하지 못하고 그 혜택을 누리지 못하는 것은 우리가 처한 상황과 문제 속에서 그분을 바라보지 않기 때문입니다. 힘들고 어려운 상황과 감정에는 크게 집착하고 사로잡히면서도, 정작 그 상황에서 참된 위로, 목자, 빛과 길이 되신 주님께는 마음을 쏟지 않기 때문일 것입니다.

● 그가 우리에게 자신을 주셨다!

'주님을 바라본다고 어려운 상황이 해결됩니까? 주님을 바라본다고 이 복잡한 감정이 해결된다는 말입니까?' 이렇게 말하는 사람이 있을지 모르겠습니다. 안타깝게도 이런 불신앙 때문에 모든 것 되시는 주님, 자신을 채우시는 주님을 경험하지 못하는 사람이 많습니다.

그러나 예수님은 'I am' 뒤에 놀라운 내용을 덧붙이심으로 우리를 위한 분으로 계신다는 것을 말씀하시고, 그것을 드러내고 성취하셨습니다. 특히 'I am' 뒤에 십자가의 죽음을 넣어 행동으로 말씀하셨습니다. 우리는 믿음으로 주님의 일하심을 삶 속에서 보고 경험합니다. 그분을 신뢰하지 않고 바라보지 않는다면, 예수 그리스도의 역사는 멀리 있는 이야기에 지나지 않을 것입니다. 주님이 자신의 삶을 채우시는 것을 경험하고자 한다면 믿음으로 그분을 신뢰하십시오. 모든 상황에서 그분을 바라보십시오. 우리의 계산이나 이성적인 추측과 판단을 내세우지 마십시오. 그런 것으로는 그분을 경험할 수 없습니다. 어떤 상황, 어떤 경험 가운데 있든 주님을 믿으십시오. 거기서 그분을 보십시오.

우리 주 예수 그리스도께서는 'I am' 뒤에 많은 내용을 넣어 우리를 위한 분으로 계신다고 반복해서 말씀하셨습니다. 주님은 요한계시록 1장에서도 "나는 알파와 오메가라"(계 1:8) 말씀하셨습니다. 실제로 주님은 온 우주 역사와 구속의 모든 역사뿐 아니라, 우리 개인의 삶과 구원의 여정에서도 시작과 끝이 되십니다. 우리 주 예수 그리스도만 계시면 우리는 현재뿐 아니라 미래, 아니 영원한 삶까지도 안전합니다. 이 사실을 알기 전까지는 예수를 안다고 할 수 없습니다.

결혼이나 자녀 문제, 진로나 사업 또는 인간관계 등의 문제로 감정적인 어려움을 겪는 사람이 있을 것입니다. 그 모든 문제에 대해 주님은 답이 되십니다. 질병이나 심지어 죽음의 순간에도 주님은 답이 되십니다. 지금까지 살펴본 'I am' 이후의 모든 내용이 바로 그 사실을 말해 줍니다. 그러니 지금까지 살핀 '에고 에이미'의 놀라운 은혜를 믿음으로 누리십시오.

우리에게는 '에고 에이미'라 말씀하신 예수 그리스도가 계십니다. 모든 상황에서 답이 되시는 그분이 계십니다. 어떤 상황에서든 그분을 신뢰하고 의지하십시오. 그분을 믿음으로 바라보십시오. 예수님은 자신의 죽음으로 'I am'의 뒷부분을 채우면서 역사 속에서 증거하셨습니다. 그분은 우리에게 자신의 전부를 주셨습니다. 우리는 그분의 모든 것을 소유한 자들입니다. 그것이 바로 그리스도인입니다. 그러기에 그분이 주시는 '에고 에이미'의 부유한 은혜와 복을 모든 상황, 모든 순간마다 풍성히 경험할 수 있습니다.

"하나님이 모세에게 이르시되
나는 스스로 있는 자이니라
… 이는 나의 영원한 이름이요
대대로 기억할 나의 칭호니라"

_출3:14-15

에고 에이미의 은혜

초판 1쇄 발행 2025년 10월 24일

지은이	박순용

펴낸이	곽성종
펴낸곳	(주)아가페출판사
등록	제21-754호(1995. 4. 12)
주소	(08806) 서울시 관악구 남부순환로 2082-33
전화	584-4835(본사) 522-5148(편집부)
팩스	586-3078(본사) 586-3088(편집부)
홈페이지	www.agape25.com
판권	ⓒ 박순용 2025
ISBN	978-89-537-9694-2 (03230)
분당직영서점	전화 031-714-7273	팩스 031-714-7177
인터넷서점	http://www.agapemall.co.kr
	인터넷에서 '아가페몰'을 검색하세요.

저작권법에 의하여 한국 내에서 보호받는 저작물이므로
무단전재와 복제를 금합니다.

아가페 출판사